华夏文库·佛教书系

应时弘法
近现代高僧略传

杨祖荣　编著

大地传媒　中州古籍出版社

《华夏文库》发凡

毫无疑问，每一个时代都有属于自己时代的精神追求、文化叩问与出版理想。我们不禁要问，在 21 世纪初叶，在全球文明交融的今天，在信息文明的发轫期，作为一个中国出版人，我们正在或者将要追求什么？我们能够成就或奉献什么？我们以何种方式参与全球化时代的文化传播进程？在一连串的追问下，于是，有了这套《华夏文库》的出版。

自信才能交融。世界各大文明在坚守自身文化个性的同时，不约而同地加快了探视其他文化精神内涵的步伐，世界不同文明正在朝着了解、交流、碰撞、借鉴与融合的方向前进。在此背景下，建立自身的文化自信，正是与世界各文明民族进行文化交流的基本要求。五千年中华文明与文化正在不断地被其他文明所发现、所挖掘、所认知，汉语言正在生长为世界语言，儒文化正在世界各地生根发芽。

借助这样一种正在成长着的文化自信、自觉、开放、亲和之力，用我们这个时代的学术眼光全面系统梳理中华五千年的文明与文化，向其他各大文明与文化圈正面展示自我，让中华优秀文化成为世界文化的重要组成部分，正是我们出版这套文库的目的之一。此其一。

知己才能知彼。身处五千年文化浸润的今天，重新思考我们先人的人生思考、价值思考与哲学思考，找到一个民族、一个国家的价值所在、立命所在、安身所在，这已经是我们这个时代的学人与出版人不得不再思考的问题。作为中华文明的一分子，我们在思考的同时，还必须了解我们的先人创造了如何优秀的精神文明与物质文明以及社会文明。只有熟知自己的文化，热爱自己的文化，悟明自己的文化，我们才能宣说自己、弘扬自己、光大自己。因此，我们策划组织这套《华夏文库》的初衷，还在于让当下的知识青年全面系统瞭望中华文明与文化的全景，并借此能够对更为深广的世界各民族文化提供一个比较认知的基础。此其二。

顺势才能有为。我们正处在农耕文明、工业文明、信息文明的交汇处，信息文明带领我们从读纸时代进入读屏时代，以智能手机屏幕为代表的书籍呈现方式正在与纸质书籍争夺阅读时间与空间。我们正在领悟数字技术，正在以信息文明的视角，去整理、分析和研究农耕文明与工业文明的文化遗产，不仅仅是为了唤醒优秀的传统文化，我们还在生发和原创着当今时代的文化。由此，我们试图架起一座桥梁——由纸质呈现而数字呈现，由数字呈现而纸质呈现，以多媒介的书籍呈现方式，将文字、图像、声音与视频四者结合，共同筑成《华夏文库》以奉献给信息文明时代的新读者。此其三。

总之，这是一套——专家大家名家写小书；以最小的阅读单元，原创撰写中华精神文化、物质文化与社会文明系列主题与专题；以图文、音视频多媒介呈现的方式，全面介绍与传播中华文明与优秀文化，系统普及与推介中华文明与文化知识；主旨是为了让世界与中国共同了解中国的——大型丛书，借此，复兴文化，唤起精神，融入世界。

耿相新

2013 年 6 月 27 日

目 录

前言 ·· 1

◎ 诸宗篇

一 禅宗：虚云法师

1 出家参学悟高旻 ·· 3

2 弘法振寺兴道场 ·· 9

3 禅灯千古续佛慧 ··· 15

二 天台：谛闲法师

1 普为人天垂模范 ··· 18

2 创立观宗弘天台 ··· 22

三　天台：倓虚法师

1. 虎豹生来自不群 ……………………………… 26
2. 北弘天台建道场 ……………………………… 29

四　律宗：弘一法师

1. 无尽奇珍供世眼 ……………………………… 34
2. 一轮圆月耀天心 ……………………………… 40
3. 律祖广弘南山律 ……………………………… 42

◎ 特色篇

一　爱国诗僧：敬安法师

1. 游学四方求佛法 ……………………………… 49
2. 八指头陀结诗缘 ……………………………… 51
3. 爱国忧民落壮笔 ……………………………… 54
4. 护教兴学拂袖终 ……………………………… 55

二　佛教改革：太虚法师

1　少年出家学佛法 ⋯⋯⋯⋯⋯⋯⋯⋯⋯⋯⋯⋯⋯⋯⋯⋯ 59
2　一期佛改三革命 ⋯⋯⋯⋯⋯⋯⋯⋯⋯⋯⋯⋯⋯⋯⋯⋯ 64
3　二期佛改新篇章 ⋯⋯⋯⋯⋯⋯⋯⋯⋯⋯⋯⋯⋯⋯⋯⋯ 69
4　弘法世界图救亡 ⋯⋯⋯⋯⋯⋯⋯⋯⋯⋯⋯⋯⋯⋯⋯⋯ 73

◎ 现代篇

一　人间佛教：印顺法师

1　为求佛法愿出家 ⋯⋯⋯⋯⋯⋯⋯⋯⋯⋯⋯⋯⋯⋯⋯⋯ 79
2　阅藏求学立思想 ⋯⋯⋯⋯⋯⋯⋯⋯⋯⋯⋯⋯⋯⋯⋯⋯ 81
3　随缘教化勤著说 ⋯⋯⋯⋯⋯⋯⋯⋯⋯⋯⋯⋯⋯⋯⋯⋯ 84
4　人间佛教两相契 ⋯⋯⋯⋯⋯⋯⋯⋯⋯⋯⋯⋯⋯⋯⋯⋯ 89

二　生活禅：净慧法师

1　嗣法禅宗奉虚云 ⋯⋯⋯⋯⋯⋯⋯⋯⋯⋯⋯⋯⋯⋯⋯⋯ 93
2　柏林黄梅振祖庭 ⋯⋯⋯⋯⋯⋯⋯⋯⋯⋯⋯⋯⋯⋯⋯⋯ 97

3　觉悟奉献生活禅⋯⋯⋯⋯⋯⋯⋯⋯⋯⋯⋯⋯⋯100

三　法鼓山：圣严法师

　　1　出家经忏做学僧⋯⋯⋯⋯⋯⋯⋯⋯⋯⋯⋯⋯⋯105
　　2　罢戎入释闭关修⋯⋯⋯⋯⋯⋯⋯⋯⋯⋯⋯⋯⋯107
　　3　禅慧禅修传四海⋯⋯⋯⋯⋯⋯⋯⋯⋯⋯⋯⋯⋯110
　　4　法鼓道场重学修⋯⋯⋯⋯⋯⋯⋯⋯⋯⋯⋯⋯⋯113

四　佛光山：星云法师

　　1　善根佛种早深种⋯⋯⋯⋯⋯⋯⋯⋯⋯⋯⋯⋯⋯118
　　2　栖霞出家求佛法⋯⋯⋯⋯⋯⋯⋯⋯⋯⋯⋯⋯⋯120
　　3　赴台行化誉文坛⋯⋯⋯⋯⋯⋯⋯⋯⋯⋯⋯⋯⋯123
　　4　起家宜兰打基础⋯⋯⋯⋯⋯⋯⋯⋯⋯⋯⋯⋯⋯125
　　5　佛光净土永流传⋯⋯⋯⋯⋯⋯⋯⋯⋯⋯⋯⋯⋯127

小知识目录

《送别》 37
李叔同的才华 38
千疮求半偈 57
圆瑛法师 62
《平凡的一生》 87
《经窗禅韵》 94
"悟彻"与"星云" 122

前言

近现代佛教的发展,是整个汉传佛教史中的重要一环。整个时代新旧交替的大环境,在很大程度上也反映在佛教的发展中。身处这一时代变动下的高僧,以他们的方式或重振佛法、复兴宗门,或弘法抗战、爱国抗敌,或革新旧制、走向现代,或于新时代下,探索佛教发展、佛法弘扬的新路径,等等。他们以各自的方式,在这个新旧交替的时代中书写了自己的传奇。本书选择其中部分高僧代表,通过对其生平经历、弘法事迹等方面的叙述,令读者一睹这一时代中佛教的发展,以及众高僧在面对时代变革、宗门倾颓时的选择与担当。

本书分为三篇:诸宗篇、特色篇、现代篇。

"宗派"是佛教发展与研究的一个重要问题。中国佛教对于"宗派"之认识,很大程度上受到日本佛教宗派之影响。虽然目前关于宗派的标准和形成,学术界尚无定论,但以"宗派"为视角进行佛教研究,却是一贯之通例。

民国时期的佛教,常以"复兴"来形容。虽然有些学者认为,以"复兴"来描述民国时期佛教并不准确,因为"复兴"是相对于"衰弱"而言,而"衰弱"与"复兴"的认定有一定的标准,是在"一定程度"上来说的。然而,这也并不妨碍我们认为:民国时期佛教在各宗派上,涌现出许多代表人物，有复兴之气象。

若以宗派来看，虽然民国时期的佛教高僧多倡导诸宗兼容，但他们也有各自所代表的宗派。如：禅宗有虚云法师，天台宗有谛闲法师和倓虚法师，律宗有弘一法师，华严宗有月霞法师，净土宗有印光法师，密宗有法尊法师等。

因篇幅之限制，诸宗篇仅以前三者为代表，一窥民国时期各宗派佛教高僧之弘法传道，阐扬宗风。

相对于唐宋时期的兴盛，禅宗在清中叶后逐渐凋零，但到民国时期，禅宗得一大批高僧大德与居士之助而有中兴之象，虚云法师便是其中典型代表。他毕生弘法，以一身延续禅宗五门法脉；他深究经藏，修习禅定，形成一整套完整而又系统的禅学理论；他融合诸宗，禅净双修，广弘禅教；他整顿佛教丛林，兴建名刹。其一生功高望重，被誉为"禅宗泰斗"。

民国时期天台佛教的主要人物是谛闲法师、倓虚法师和斌宗法师。其中，谛闲法师是近代天台中兴的杰出代表，倓虚法师为将天台宗弘化于北方做出了重要贡献，斌宗法师主要将天台宗传播到台湾。诸宗篇主要记录谛闲法师和倓虚法师。谛闲法师有"法门龙象"之称，其一生功绩主要在于创立观宗学社和对天台的弘扬，正是由于谛闲法师的努力，天台宗在近代才得以中兴。倓虚法师是近代佛教"三虚"（虚云、太虚、倓虚）之一，其一生融贯天台教观之学，北弘天台，弘法、建寺、安僧，尤其与湛山寺关系密切。

民国时期是中国近代律学的形成期，众多高僧、居士和学者对如何恢复和重振律学等问题进行了多方面的探索，以弘一法师为代表的僧人对南山律学的弘扬是其中重要的一部分。弘一法师一生波澜壮阔又细密绵长，他才华过人，成一代风流，却在辉煌当下，遁入空门，苦行修戒，成南山律宗第十一代律祖。其律学方面的成就主要在南山律学的弘扬、律学典籍整理和律学教育。

近现代是一个救亡图存的时代，西方列强的扩张和侵略给国家、社会和人民带来了深重的影响；近现代也是一个新旧变换的时代，旧有的框架结构在外在的冲击和影响下，不断谋求新的变革和发展。

这两个特点在近现代的佛教中也体现得极为明显：一方面佛教僧侣爱国抗战，救亡图存，共赴国难，贡献出自己的一份力量；另一方面，佛教自身也在思想、组织、文化、制度等多方面努力谋求变革，适应新时代和新社会。

近现代佛教中有特色的爱国高僧有很多，如敬安法师、太虚法师、圆瑛法师、弘一法师、倓虚法师、虚云法师、印光法师、巨赞法师等。佛教在理论上虽然重视出世，在实际中却往往呈现出入世的姿态，这种入世的印记，深刻地体现在当时的佛教高僧中。

近现代佛教的发展，是在"变革"与"守旧"的张力中逐渐发展的。在新旧时代的转变下佛教如何因应和发展，是当时佛教高僧所需要面临的选择。选择"变革"的一方，希望通过一些新的举措和方式，改变原有不适应时代和社会的内容，更好地促进佛教的发展和转型。选择"守旧"的一方，并非希望一成不变，而是认为改革的步伐不应过大，相较于"改革"，他们认为更多地保留传统佛教的内容，才能更有利于佛教的发展。

本书特色篇仅以敬安法师和太虚法师为代表，一窥近现代佛教高僧中"爱国"与"改革"这两大特点。

敬安法师，又称"八指头陀"，爱国卫教，善写禅诗。他曾亲身投入到爱国救亡的运动当中，写下大量爱国诗篇；也曾护教兴学，抵抗侵夺寺产之风，保宗扶教，兴办学校。敬安法师是近现代极具代表性的爱国高僧。

太虚法师，以佛教改革思想和实践而闻名，倡导"人间佛教"，提出"教理""教产""教制"三大佛教革命，具有重要的意义，也给今天佛教界留下了广泛而深远的影响。

"现代篇"延续了"佛教改革"这一话题。佛教改革在很大程度上是佛教自身对时代变革和传统与现代关系的回应，尤其是当社会逐渐步入现代化，佛教自身发展也遇到现代性的问题时，这一回应愈发迫切。佛教自身对现代性的回应体现在很多方面，也有很多方式，其中"人间佛教"的思想与实践是其中的重要方面。

本书现代篇即以"人间佛教"为主题，选取印顺法师、净慧法师、圣严法师和星云法师四人关于"人间佛教"的思想和实践，一窥佛教自身以"人间佛教"策略对现代性的回应，以及诸位高僧大德对传统与现代之间张力的平衡与思考。

印顺法师一生推行"人间佛教"，丰富和发展了"人间佛教"的内涵和理论，为佛教发展做出了重要贡献。他的"人间佛教"思想，倡导契理、契机，强调佛法的人间性，反对天（神）化而变质的佛教，进而探求佛法的本质。这一思想与太虚法师的"人生佛教"不同，而与其早年读《增一阿含经》的领悟有关，也与其对佛教史的认识、对佛教的分期判摄相应。

净慧法师一生在佛教道风建设、僧才培养、弘法利生、慈善救济等多方面做出了重要贡献。尤其是提倡"生活禅"运动，强调"觉悟人生，奉献人生"，对佛教的发展、佛法的流布具有重要的意义。

圣严法师是曹洞宗第五十代传人、临济宗第五十七代传人，也是法鼓山的创办者，一生为佛教教育、弘法、研究做出了重要贡献。1989年，圣严法师以"提升人的质量，建设人间净土"为理念，创建法鼓山，随后他又提出"心灵环保"，以此为法鼓山的核心理念。与道场建设相应的是佛教研究机构的创办，如中华佛学研究所和法鼓人文学院等，这些机构为佛教研究做出了不可磨灭的贡献。尤其是电子佛典的数字化，如中华电子佛典协会（Chinese Buddhist Electronic Text Association，简称CBETA）的电子佛典资料库，已经成为佛教研究者必备的检索工具。此外，圣严法师一生著述丰富，陈义精要，四海弘法，传授禅学，自喻为"风雪中的行脚僧"。

星云法师从宜兰起家，弘法利生，后创建佛光山道场，以弘扬"人间佛教"为宗风，树立"以文化弘扬佛法，以教育培养人才，以慈善福利社会，以共修净化人心"之宗旨，推动佛教教育、文化、慈善、弘法等事业，并融古汇今，手拟规章制度，印行《佛光山徒众手册》，将佛教带往现代化。他的一生传奇而辉煌，先后在世界各地创建两百余所道场，主编出版了众多佛教刊物，也创办了众多学校，对于佛教的制度化、现代化、人间化、国际化，乃至世界的和平事业都做出了极大的贡献。

当然，近现代高僧的弘法与实践还有许多，它们同样传奇和精彩，但因篇幅所限，挂一漏万，颇为遗憾。今仅就其中部分高僧，以诸宗、特色与现代三篇以摄，编著而成一通俗读物，以飨读者。

◎ 诸宗篇

一 禅宗：虚云法师

虚云法师（1840～1959），俗姓萧，法名古岩，字德清，又名演彻，后自号虚云，原籍湖南湘乡，出生于福建泉州，是晚清以来竭力振兴禅宗的著名高僧，在近代禅宗史、佛教史上占有重要地位。

他毕生弘法，一身延续禅宗五门法脉；他深究经藏，修习禅定，形成一整套完整而又系统的禅学理论；他融合诸宗，禅净双修，广弘禅教；他整顿佛教丛林，兴建名刹。因其一生的功绩，虚云法师被誉为"禅宗泰斗"。

1 出家参学悟高旻

虚云法师自幼便有佛缘。他携从弟离家,前往鼓山涌泉寺出家学佛;后效仿古德,修习苦行;四处参学求法,礼佛圣迹。

鼓山出家名古岩

1840年,虚云法师出生于福建泉州的府台后院。虚云法师的出生,颇有传奇色彩。虚云的父亲是衙府的幕僚,家境殷实,然妻子年过四旬,仍未生养。为求子嗣,夫妻二人前往观音寺礼拜,祈求观音送子。当看到观音寺寺宇破败时,二人便发愿重修,为观音菩萨再塑金身。此后不久,夫妻二人梦见一长髯老者,头顶观音圣像,骑虎而来,跃登卧榻,忽而不见。之后,妻子便怀有身孕,产下一子,这便是虚云法师。

虚云法师出生时,胎衣缠身,形如

虚云法师

肉团，直到请来郎中，将胎衣剪开，婴儿才放声啼哭。因此缘故，父亲为虚云法师取乳名为"灵球"，之后又按照湘乡习俗，于三日后按其辈分取谱名为"富民"。

虚云法师出生时，母亲就去世了，他由庶母王氏抚养，自幼不喜荤食。虚云法师幼年随父亲奉灵柩回家安葬时，于葬礼初见三宝，便心生欢喜。后随叔父前往衡山烧香还愿，见佛刹殿宇和佛像，恭敬之心油然而生，遂想出家为僧。他曾前往衡山出家，但行至半道便被截回。为防止他再次出家，父亲迁徙至福州，又让其娶妻田氏和谭氏，将其三人禁锢于一室。然而虚云法师出家之愿十分坚定，三人虽同居而无染。

1858年，虚云法师趁田氏和谭氏回娘家之际，留下《皮袋歌》，带着从弟富国逃出，至福州鼓山涌泉寺出家。知客师见他二人一身富家打扮，疑心是一时赌气逃出，恐不持久，不同意收留。然而两人长

清末福建福州鼓山涌泉寺

跪门前，以实际行动表达决心，终于感动了知客师。他禀报方丈妙莲法师，方丈答应先收留他们做行者，后见二人善根夙慧，道心坚定，于是准其剃度，列于临济门下，为虚云法师取法名为古岩，字德清。同年，虚云法师在妙莲法师座下受具足戒，法号"演彻"。

苦行参学礼圣迹

为躲避父亲的寻访，虚云法师隐居后山岩洞，礼万佛忏，毫不松懈，达三年之久。直到父亲告老还乡，虚云法师才回到涌泉寺常住，应请为职事。他做过水头，负责寺僧的饮水；做过园头，负责寺庙种菜；也做过行堂和典座，负责添菜和烧火做饭。虽然所做事务都很平常，但虚云法师都尽心努力，力求做好。与此同时，他还学习各种律仪规范，练习唱诵，修习参禅，日益精进。

然而，虚云法师觉得自己依旧有不少挂碍，于是在1862年冬，仿效古时大德，散尽衣物，仅留一衲衣、一衲裤、一双芒鞋、一个蒲团、一把方便铲，到鼓山后山岩洞中修习苦行。在苦行期间，他居则岩穴，食则松果，渴饮涧水，髡发覆肩，衣不蔽体，如此过了数年。直到1870年才从鼓山后山岩洞走出，以一身苦行头陀的行装，朝江浙走去。行至温州时，虚云法师路遇一行脚禅人，指点其前往天台山亲近华顶龙泉庵融镜法师，于是，他便往天台山而行。

浙江天台山国清寺大雄宝殿内的佛像和供桌，1924年至1927年，Sidney Gamble 摄

当虚云法师到达天台山后,一身苦行头陀装扮把门头师给吓住了。当他见到融镜法师时,融镜法师也斥责其苦行过于标新立异,近似外道,枉费多年工夫,其实只是在钻牛角尖,不能成就大道。他更指点虚云法师"立宏愿,驾大乘",入世实修。虚云法师如醍醐灌顶,随即剔除须发,沐浴更衣,逐步恢复如常,随众出坡劳作,学作有时。

他在天台追随融镜法师学了近3年教观,后遵师命前往天台山国清寺学习禅制,至方广寺诵念《法华》,遍礼天台全山诸寺。此后他辞别融镜法师,行脚天涯,四处参访,先后到过奉化雪窦寺、普陀法雨寺、宁波天童寺、镇江焦山寺、扬州高旻寺等地。

虽然虚云法师参访求学、参禅悟道已有所得,然其心中对家人总是颇多愧疚。母亲为生自己而亡;父亲中年得子,寄望甚厚,自己却背着父亲遁入空门,更害得父亲四处寻子,耗费精神;庶母养育自己成人,盼着自己回来,但自己带着妻子一同遁入空门。想到这些,虚云法师常常责备自己,觉得罪孽深重。

他在雷峰塔下凭吊,触景动念,于是立下宏愿,从普陀山起香,三步一拜,跪拜朝礼五台山,以回向父母,超度其亡灵早日脱离苦海,往生净土。1882年,虚云法师从普陀山法华庵起香,肩背着朝山袋,手端拜凳,三步一拜,朝五台山进发。一路走来,原本附香同行的几人都退出了。但虚云法师信念坚定,无论酷暑盛夏,无论数九寒冬,他都努力克服。

一路上,虚云法师遇到不少险境。比如,有一次在黄河岸边遭遇大雪,虚云法师不顾天气恶劣,依旧坚持三步一拜往前走。大雪连下几日,路途被大雪掩盖,他进入一破屋暂避严寒,然几日未进食,又冷又饿,昏倒数次,最终为文吉(据传为文殊菩萨化身)所救。又如他在经过洪福寺后,因吃了不洁净的食物而痢泻不止,但他依旧前行,终在路经雪原时体力不支，只能靠双手爬行，后来甚至连爬行的力气也没有了，又为文吉所救。

如此过了三年半，1884年，虚云法师终于到达五台山。虽然一路千辛万苦，也有不少非议，但他凭借着大愿的精神，坚定的信念，顽强的意志，最终走了过来。

此外，虚云法师为朝礼佛陀的圣迹，跋涉千里，前往印度。

高旻开悟诵佛偈

1895年，虚云法师和月霞法师等人在九华山翠微茅棚弘法，地方当局以防止革命党人聚会为借口，将茅棚强行封闭。众人无法，只得四散开来，虚云法师也只好离开，前往扬州高旻寺参加禅七。在翠微茅棚弘法的时间虽不足三年，但虚云法师与众位法师之间相互交流，兼收诸宗法乳，颇为受益。

高旻寺始建于隋，至清时得大规模复兴。在康熙年间，更得御赐"高旻寺"之匾额，并赐脱纱药师如来泥金佛像。高旻寺素以严厉的禅风而著称，它不做经忏佛事，摒弃一切外在干扰，四季行坐，长香不断。在每年冬季时，会举行十期禅七，定为恒例。也因其禅风严格，高旻寺成为"四大丛林"之一。

虚云法师是抱病前往高旻寺参加禅七的。当他赶到高旻寺时，禅七已经开始，未及病愈，他便直接进入禅堂，参加禅七。后来病情加重，他被安排到如意寮静养，稍待好转，便又重新参加禅七。高旻寺禅七颇为严格，虚云法师因病拖累，挨了不少香板。

在高旻寺禅七中，虚云法师获得了禅定经验，并最后开悟。他在禅七中，心无杂念，经过二十多天后，禅境大长，病痛痊愈，他继续精进修行。一天夜里放晚息香时，虚云法师忽见大光明彻照室内外，眼看则见墙外的各种情景，细听则闻寺外的各种声音。第二天，他向寺僧询问情况，悉如昨见。虚云法师明白自己是禅境所见。

在第八个禅七时，虚云法师心中禅悦充满。第三天晚上，护七沙弥给虚云法师冲开水时，一不小心将开水溅到虚云法师手上，他本能一缩，茶杯掉落。这一声掉落的清响，顿时让虚云法师开悟，彻见本来境界。他对着沙弥说偈曰："杯子扑落地，响声明沥沥。虚空粉碎也，狂心当下息。"又说道："烫着手，打碎杯，家破人亡语难开。春到花香处处秀，山河大地是如来。"

2 弘法振寺兴道场

虚云法师一生弘法振寺，整顿丛林，恢复道场，历经云南的钵盂庵、鼓山的涌泉寺、南华六祖寺、云门大觉寺和云居山真如禅寺等。

钵盂涌泉复禅风

1902 年，虚云法师离开终南山，前往云南鸡足山建立弘法道场。早前虚云法师曾虔诚地前往朝礼，看到那里的僧人虽穿僧衣，却娶妻生子，饮酒吃肉，寺院也变成了子孙庙。虚云法师想，那是迦叶尊者持衣入定的弘法道场，是前贤弘法的佛门圣地，如今却成了这般光景，所以自己应该前往弘法，重振鸡足山。

虚云法师和戒尘法师到达鸡足山后，山上寺庙的情况并没有多少好转，他俩挂单也被拒绝。即便他们寻到一块荒地，正想搭茅棚，也被一些僧人拿棍棒驱赶。无奈之下，他们只好暂离鸡足山，到岑心慈居士的家寺中闭关。

1904 年，虚云法师应归化寺方丈契敏法师之请出来讲经，随后又

云南鸡足山祝圣寺内供虚云和尚佛像祖堂，杨纲要摄

应大理府提督之请到崇圣寺讲经。虚云法师的讲经受到大家欢迎，名声远扬。有一次，他向提督请求前往鸡足山重开道场。这一愿望很快实现，他选定鸡足山钵盂庵（祝圣寺）作为弘法道场。

在钵盂庵，虚云法师针对寺院破败、僧寮缺少而兴建寺庙殿堂；针对僧众律行有失而严行戒律，戒荤茹素，僧行僧装；针对资金缺乏而四处筹款募化。时过不久，钵盂庵已香火缭绕，再振道场之风貌。钵盂庵的成功也影响了鸡足山的其他寺庙。

在云南期间，当时滇藏边境不宁，虚云法师还亲自前往西藏劝导西藏当局，巧妙化解了滇藏边境之冲突。当他得知昆明华亭寺要被卖给外国人做俱乐部时，也主动提出保护，担任华亭寺住持，护法安僧，重振华亭寺，重现佛门弘法道场的风采。

1928年，虚云法师为筹募款项而途经福建，时值福州涌泉寺方丈圆寂，众人便礼请虚云住持涌泉寺法席。涌泉寺是虚云法师出家受戒之地，祖庭之所在，虚云法师虽年近九十，但依然率徒一人，执掌法席。

那时涌泉寺已不复往日风采，乱象丛生。虚云法师到后，整顿寺风，除旧布新，整理制度，加强常住人员管理，抓紧培养僧才，实施了一系列重要举措。他还亲自礼请月霞法师为鼓山首座，兼职主持禅堂。涌泉寺的印经传统，在虚云法师手上也得到继承和发展。在虚云法师的努力下，全寺上下焕然一新。虽然虚云法师在住持涌泉寺期间也受

福建福州鼓山涌泉寺，1929年至1930年

到不少外来僧人的阻挠和干扰，但他都一一克服了。

南华大觉驻法席

1934年，虚云法师应请前往六祖寺祖庭南华禅寺，执掌法席。虚云法师考虑到自己已年过九旬，精力不支，力有未逮，略有犹豫。但考虑到南华祖庭衰败不堪，寺内寺外宰杀烹饮，赌博吸烟，人畜粪秽，随处可见，僧人如俗，戒行不整之情形，虚云法师还是决定前往南华，重振祖庭。同年8月，他带着观本随侍，前往南华禅寺。

到南华禅寺后的情景，比之前听闻的和想象的更为恶劣。虚云法师认为，南华禅寺非弘法不能重兴，非受戒不能弘法。因此着力整顿寺规，以挽颓风，率众严守清规，严肃纲纪。在严守戒律之余，虚云法师还亲自开坛受戒，其规模之大，盛况空前。对破败的寺庙，虚云

广东韶关曹溪南华寺虚云纪念堂，罗宜生摄

法师一方面率众修复，另一方面想办法募款。经过重修后，南华禅寺面积扩大，建筑庄严，规整恢宏。他也改善了寺旁的卓锡泉，以解决全寺僧众的饮水问题。

除此之外，虚云法师在南华禅寺还带头节食，将节省下来的粮食奉献出来，用以抗日。战争使得不少人员伤亡，虚云法师一方面启建荐亡息灾大法会，另一方面在南华禅寺收容避难的百姓。

1943年，虚云法师又受邀重振云门祖庭，于12月移锡云门山大觉禅寺。如同以往恢复道场，在大觉禅寺时，虚云法师立足戒律、僧制、庙宇等方面，很多事情亲力亲为，此时他已经一百多岁了。

在大觉禅寺修复期间，发生了几件比较特别的事情：一是虚云法师收纳了美国信众为皈依弟子，并亲自为他们举办禅七；二是在1950年冬，虚云法师创办"云门大觉农场"，实践"一日不作，一日不食"，自耕自作，自给自足，以更好地适应现实环境的需要，恢复生产，发展经济；三是嘱咐弟子收集史料，整理《云门山志》，并于1951年出版流通。此外，虚云法师还被礼请前往港澳弘法。

抱病北上组佛协

新中国成立后，虚云法师一直在考虑如何更好地护教安僧，弘扬佛法，他认为全国佛教徒应该加强团结，成立一个共同的组织。此时，恰好李济深副主席等人礼请虚云法师北上，率众筹备成立全国性佛教组织。虚云法师认为时机已到，便决定抱病北上。

1952年4月，他从大觉寺出发，到达武汉后，因病调养了三个月，于9月17日到达北京。虚云法师的到来，受到北京四众弟子的热烈欢迎。次日，现代佛学杂志社还对其进行专访，虚云法师回顾了自己六次进京的情形，并表示自己此行的目的之一，便是希望早日成立中国佛教协会。

虚云法师早在1949年新中国刚成立时就有了这想法。此次进京，他便与李济深副主席以及其他诸位负责人讨论这个问题。在讨论中，虚云法师强调，成立全国性佛教组织是为了更好地遵守《共同纲领》，团结全国佛教徒弘扬佛法，积极投身于国家生产建设中。同时，也是为了更好地保护正常的宗教活动、宗教文物、财产，执行宗教信仰自由的政策。

11月4日至5日，中国佛教协会发起人在北京举行会议，包括虚云法师、圆瑛法师、赵朴初居士在内的十四位代表参加会议。会议就诸多问题达成一致看法，并推举虚云法师为中国佛教协会的首席发起人。

1953年，中国佛教协会成立会议在北京举行，虚云法师发表三点意见：第一，汰除迷信外道，严守戒律清规，以增大众信仰；第二，进一步阐发佛法教义，各宗精义，以彰佛法真相；第三，建议全国佛教徒，尤其是出家僧众，自力更生，以维护佛门根本。大会推举虚云法师等人为中国佛教协会名誉会长。

云居真如终示寂

1953年，虚云法师前往庐山大林寺修养，在此期间听闻云居山真如禅寺之现状，不禁黯然神伤。云居山乃曹洞宗之祖庭，经战火后，早已残破不堪。虚云法师知道后，带领侍者，前往云居山礼祖，并实地考察情况。到达云居山后，见到寺院衰败之景，虚云法师发愿重振道场，遂移锡云居山。

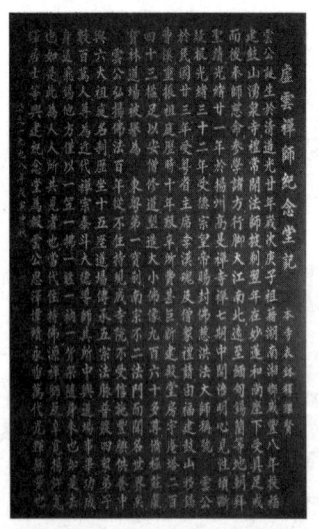

江西九江云居山虚云纪念堂碑记，罗宜生摄

在云居山真如禅寺的重建中，虚云法师讲求农禅并重，一方面主持组建僧团，展开自救，恪守"一日不作，一日不食"之祖训，积极劳作，生产自养，另一方面也讲求禅法修习。1957年，云居山真如禅寺的重建工程基本完成。除了道场建筑的恢复，虚云法师也希望能恢复百丈怀海禅师所创立的丛林清规和道风，故而他力排众难，实施了一系列的变革，最终复燃祖师道场之香火。此外，他还注重戒律和僧才的培养，严传方便戒，严育良僧才。

1959年10月，虚云法师在云居山圆寂。

3　禅灯千古续佛慧

虚云法师的一生承前启后，禅灯千古，续慧万代。

虚云法师一生推崇《楞严经》，以其为主旨，参究自己习禅之经验，并不断丰富自己的禅修思想，形成有修有证而又特色鲜明的禅修体系。就禅修来看，他坚持"禅修须得法"，常以自己的禅修体验为例，以不同的方式为信众开示，接引学人。为此，他尤其强调持戒和行门，因为戒是无上菩提之本，而行门则与自己的根机相应。禅净双修，致力共弘，融汇诸宗，而为一法。他还讲究农与禅之结合，诗与禅之结合，有丰富的农禅、诗禅思想。

对虚云法师来讲，尤其值得一说的是其一身兼五宗。1892年，虚云法师在妙莲法师座下，受临济衣钵，为临济第四十三世；同时，在耀成法师座下承曹洞宗法脉，为曹洞第四十七世；1932年，

虚云法师

应福建长汀八宝山青持明湛法师之请，遥接良庆法师所传法眼宗，为法眼第八世；次年，应湖南沩山宝生法师之请，远承兴阳词铎法师所传沩仰宗，为沩仰第八世；重振云门大觉禅寺时，虚云法师又遥承己庵深静法师之云门宗，为云门第十二世。

虚云法师承五宗之法脉，以广大宗门，续佛慧命为己任，百年如一日，精进修行，重振道场。先后振兴了鸡足山钵盂庵、昆明云栖寺、鼓山涌泉寺、韶关南华寺、云门大觉寺、云居真如寺等，同时他多方培养僧才，传承法脉，为禅宗的弘扬，佛法的传播，做出了重要的贡献。赵朴初曾赞颂道："遍立道场而无所住，广演法要而无所述。人我寿者无所得，故慧灯再燃亦无所续。"此实乃虚云法师一生的真实写照。

二 天台：谛闲法师

谛闲法师是近代天台宗的代表人物之一，他对天台宗在近代的中兴做出了巨大的贡献。谛闲所参访的法师中，授虚法师赞其为"稀有"，敏曦法师誉其为"法门龙象"，其修为可见一斑。

1 普为人天垂模范

谛闲法师，1858年生于浙江黄岩，俗姓朱，号古虚，俗名朱卓三。父亲名朱度润，母亲王氏。谛闲9岁时进入乡塾读书，成绩优异。后因父亲去世，家境贫寒，被迫中途退学，到舅舅家开的药铺学艺。由于天性聪颖，稍长些时谛闲法师便渐通医道。

谛闲法师

受戒修行悟法华

17岁时，谛闲凭借自己所学到的医学知识，在黄岩的北门开了一间药铺。谛闲心地善良，遇到贫苦患者，常施医赠药，深受当地百姓的尊敬和爱戴。然而世事无常，两年后他的母亲和妻儿都相继病故。最亲的三个人就这样走了，谛闲心中感慨万分。人生无常，诸法易逝，"药但医病，不能医命"。想到这里，谛闲心中便生起出家的念头。20岁时，他便到临海县白云山跟随成道法师出家。

谛闲出家的消息被他大哥知道了，大哥找到他，迫令其还俗。谛闲心中虽早有出尘之志，但也不好强行违逆大哥的意见，于是跟随大哥回家。两年后，大哥去世，谛闲再次跑到白云山，跟随师父一起修习佛法，研读经典。

24岁时，谛闲在天台山国清寺受具足戒，而后留寺修行，日夜精进。

次年，谛闲到平湖福臻寺参访敏曦法师，听其传授《法华经》。因初次听讲，他对经中会三归一、开权显实的义理难以理解。授虚法师见到谛闲一脸茫然的样子，于是赠其《法华会义》帮助他理解领悟。谛闲得书后，越发刻苦，他白天听讲，晚上也不懈怠。经过连日的用功，谛闲终于领会了《法华经》中的道理。

讲经说法著文章

在领会法华意旨后，谛闲开始了讲经说法之途。

28岁时，谛闲在杭州六通寺开讲《法华经》。相传，当他讲到《授记品》时突然入定，出定后，文思泉涌，辩才无碍，答难析疑，如瓶泻千里，云迭万重，卷舒自在，莫之能御。之后，谛闲闭关天台国清寺。第二年，龙华寺方丈迹端定融和尚命谛闲出关相助，任其为库房事，随后便为谛闲授记传法，使其成为天台四十三祖。

谛闲讲经参禅，足迹遍布大江南北。32岁时，谛闲在龙华寺讲《法华经》。法会后，谛闲又前往金山江天寺参学。43岁时，谛闲掩关温州妙智寺。晚年则回归宁波观宗寺。谛闲一生讲演无数，时人以为自四明知礼后，讲习之盛莫过于此。谛闲一生除了讲经说法外，还撰写了大量书籍，开示了诸多法语。代表性的有《圆觉经讲义》《大乘止观述记》《教观纲宗讲义》《金刚经新疏》《楞严经序指味疏》《始终心要略解》《念佛三昧宝王论义疏》等。

乾隆《御书妙法莲华经》（局部），刘建华摄

示寂西逝三不朽

1929年，谛闲法师的弟子倓虚法师在哈尔滨创立极乐寺，开始传戒，礼请谛闲法师北上为得戒和尚。谛闲法师答应倓虚法师的请求，以72岁高龄北上传戒。四众闻风而来者达一百多坛，盛况空前。

1931年，谛闲法师应上海玉佛寺的礼请开讲《楞严经》。从春到夏，历时四月，其间从未请人代座。讲经结束后，谛闲法师返回观宗寺，自感身体衰颓，敦促弟子宝静法师返回宁波，为其传法，并授其为天台宗四十四代祖。1932年，谛闲法师安详地写下"我经念佛，净土现前，真实受用，愿各勉旃"后，含笑坐化。

谛闲法师一生讲法四十八年，在倓虚法师看来，他做到了立德、立言、立功这三不朽。倓虚法师说："夫乘戒俱急，止观圆融，勤苦自处，慈悯待人，立德也。兴建伽蓝，树立学社，培植后进，卫教弘法，立功也。法嗣天台，行修净土，疏经流布，昭示因果，立言也。诚以大师乃智者嫡传，传峰嗣响，法门龙象，近世耆德，曩年弘化南北，海宇钦崇，凡当时知名之士，莫不以归依座下为荣。"这是谛闲法师一生的写照。

谛闲法师的在家弟子蒋维乔亦对其师赞誉有加。在他为谛闲法师撰写的挽联中就可以看出。联云："说法四十八年，教观圆融，普为人天垂模范；示寂七月三日，端详坐逝，无边刹土现庄严。"

2 创立观宗弘天台

谛闲法师一生最重要的成就是创立观宗学社和对天台宗的弘扬。经由谛闲法师的大力弘扬，天台宗在近代才真正开始中兴。

观宗学社育僧才

一个宗派要得以良好的传衍，人才是最重要的。民国时期僧才匮乏，连传统的佛教教育体制也难以为继。有感于此，谛闲法师极为注重僧才的教育和培养。

在1910年，谛闲任南京僧师范学校校长时，就曾专门招收全国各地的僧徒良才入校学习，开中国佛教教育之先河。遗憾的是，因社会环境的动荡，教育经费的短缺，这一形式被迫终止。

然而，谛闲法师对僧学教育的热情和重视并没有丝毫减少。1918年，谛闲法师北上北京，参加由徐文蔚主持的讲经会。因此机缘，得以结识一些著名居士，其中包括时任铁路督办的蒯若木、时任交通部长的叶恭绰等。谛闲法师学识渊博，其说法深入浅出，深受诸位居士钦佩。他们也答应出资捐助谛闲法师创办佛学院，培养佛学人才。谛闲法师十分高兴。他返回宁波后，就开始筹办此事。

1919年，谛闲在观宗寺成立观宗学社，段祺瑞送来"阐扬台宗"的匾额以示庆贺。观宗学社面向全国招生，广罗僧众英才。第一批招生40余人。谛闲法师设立正、预两科进行教学，主要讲授天台宗经典。1928年，观宗学社改名为弘法研究社。虽然观宗学社在发展中依然经费拮据，但在谛闲的住持下，依旧艰难地持续着。

观宗学社的影响是巨大的，它为僧界培养了大批人才，如倓虚法师、常惺法师、戒莲法师、禅定法师、可端法师等著名法师就是该社之学员。此外，观宗学社也很好地保持了学界和教界的互动。徐蔚如、蒋维乔、江味农等著名居士或学者都参与了该学社的教学。

台宗再兴自闲师

近代时期，各宗的状况虽然无法与盛时相比，但也表现出一定的再兴迹象。近代天台宗的再兴即始自谛闲法师。

谛闲承接天台宗法脉后，开始了对天台宗的弘扬。在谛闲进入观宗寺第二年，他就在寺里开设观宗研究社，作为僧众研习佛法之所。后来的观宗学社也是在它的基础上发展起来的。无论是观宗研究社还是观宗学社，天台宗教理的研究和经典的研习都占有较大分量。可见谛闲对弘扬天台的重视。

谛闲在《佛学研究社征集同志启》中表明了自己的决心："若不研究至理，从事闻熏，使数千年之宗教任彼湮没，伊谁之咎与？"然而天台宗的再兴谈何容易。它没有如唯识宗一样强大的居士力量，只能靠教内的僧侣独自弘扬；它没有繁复的花样能引人入胜，只能从天台独特的内在教义中汲取养分。

  谛闲深刻明白这一点，故而在观宗学社的早期课程中有大量天台宗教义的学习，如《法华经》《法华玄义》《十不二门》《教纲观宗》等。另外，谛闲对天台宗内部资源的发掘也十分重视。他多次强调并极力捍卫天台宗性恶思想。经由他的提炼，该问题的讨论成为近代佛学界争论的重要问题之一，包括欧阳竟无在内的诸多居士都参与了这场讨论。

三 天台：倓虚法师

中国近代佛教有"三虚"，除了虚云法师、太虚法师外，就是倓虚法师了。倓虚法师一生融贯天台教观之学，北弘天台，弘法、建寺、安僧，尤其与湛山寺关系密切。

1　虎豹生来自不群

倓虚法师（1875～1963），俗姓王，名福庭，法名隆衔，法号倓虚，自称"湛山老人"。他是河北省宁河县人，父亲王德清，母亲张氏，世业行商，但家道清贫。

倓虚法师

济世研经出尘意

相传倓虚法师出生时,生有异秉,尚在襁褓之中便会喃喃念着"持斋"二字。母亲认为这很怪异,以为是天意,于是依言持斋。之后母亲又梦见倓虚法师跑到广场,变化成僧相,口宣梵呗,加入到广场的僧众中。因此,在母亲看来,倓虚注定会入佛门做僧侣。

倓虚法师11岁才就读村塾,但是他生性喜欢静坐冥想,不喜欢喧哗,所以时常逃学回家。对此,母亲也极为理解,不加责备。14岁时,倓虚因家贫辍学,跟随父亲做小买卖,兼习医术。17岁时,倓虚奉父母之命,娶妻于氏,婚后生有五子。20岁时,倓虚父亲去世,26岁时,母亲也病故了。此后一家生计,都落到倓虚的肩上。

庚子事变(1900)后,倓虚逃难离开家乡,辗转大连,到达营口。因之前学过医术,倓虚便在营口开了一个药店,一边悬壶济世,一边研读佛经。

40岁时,倓虚感慨于人生短暂,生命易逝,遂有出尘之意。他听说宝一法师在红螺山资福寺讲《法华经》,便欣然前往,欲求披剃。然而他的愿望却并没有实现。1917年,倓虚借口清明扫墓之机,前往天津清修院。因得清池法师引荐,倓虚最终依高明寺印魁法师出家,由纯魁法师代收,法名隆衔,清池法师亦赐其法号为倓虚。

普传佛法度众生

倓虚出家后,在清修院清修了半年。因听闻谛闲法师在观宗寺传授千佛大戒,于是辞别清池法师,南下观宗寺,受具足戒。到达观宗寺不久，倓虚法师便加入了寺里的弘法研究社，学习天台教观。同学的有仁山、常惺、禅定、妙真等法师。倓虚法师刻苦学习，精研经典。谛闲法师赞其"虎豹生来自不群"。

1918年，谛闲法师应邀北上讲《圆觉经》，令倓虚法师等与其同行并为传译。这年冬天，观宗寺举行禅七，倓虚法师于中开悟，作一偈颂呈与谛闲法师。偈言："观念念即住，觉妄妄即真。"谛闲法师看后，多加赞许。

1920年，倓虚法师为观宗寺请藏而再次到北京。其间，他顺道赴天津扫先人之墓，并度妻子于氏皈依佛门。次年，儿子王维翰也发心出家，即是后来的大光法师，住持极乐寺。

1921年，倓虚应邀在显圣寺宣讲《金刚经》《弥陀经》《地藏经》。在讲经时，有外道问难佛法，倓虚法师为护法而与之论辩，广为时人所称赞。之后，倓虚应奉天万寿寺省缘和尚之请，出讲万寿寺佛学院。三年间，前后讲《佛遗教经》《四十二章经》等十部经典。又因得朱子桥将军和叶恭绰部长等人的支持，先后于营口、海城、哈尔滨、沈阳等地讲经说法，普传佛法，广度众生，开引诸门，皈信三宝，使佛教在东北得以广泛传播。

1949年，应香港佛教界之请，倓虚法师率领弟子等十余人前往香港。最初，倓虚在东莲觉苑讲《金刚经》，后因吴蕴斋居士之请驻荃湾弘法精舍，随即创办"华南佛学院"，培养僧才。倓虚法师又感谛闲法师之恩情，于是编印《谛闲大师全集》行世。

1958年，倓虚法师在九龙界限街创设"中华佛教图书馆"，搜集大正藏、续藏经等各种单本经万余卷，以供人阅览。同时，倓虚法师在中华佛教图书馆讲《华严经》，历时五年才讲完。之后，倓虚法师又应众之请开讲《金刚经》，直到6月22日，因病圆寂于香江。

2　北弘天台建道场

　　自古以来，天台宗主要在南方传播，未及北方范围。倓虚法师是北方人，又融贯天台教观之学，故而谛闲法师特别希望他能到北方弘法，传播天台宗理论。倓虚法师自己也有这个想法。

　　1920年倓虚法师北上传法。1920年到兴显寺，而后前往万寿寺、北京弥勒寺佛学院等地讲学。1925年，倓虚法师在极乐寺传戒，特请谛闲法师北上担任得戒和尚，后获谛闲法师付法，为天台宗第四十四代祖。承接天台衣钵的倓虚法师，在东北广弘佛法，使得东北佛教焕然一新。同年，倓虚法师应北京柏林寺之请，前往主讲《楞严经》，后又兼任法源寺住持。同年秋，倓虚法师参加东亚佛教联合会，为曼殊法师所重。回国后，旋即前往黑龙江弘法。"九一八"事变后，倓虚法师被迫离开东北。翌年，应朱子桥将军邀请，赴西安佛化社讲经。

　　清末民初，华北（包括东北在内）的佛教非常衰微。以青岛为例，除了传法僧人的缺乏，还因其曾是德国租借区，基督教非常兴盛。这样越发显得佛教式微。有鉴于此，1929年，周叔迦居士于此创办佛学研究社，以图佛法之弘扬。1931年，叶恭绰、陈飞青等人到青岛避暑，眼看全城教堂林立，却看不到寺院丛林的影子，作为佛教护法居士的他们不免心生感慨，于是提议在青岛筹建寺庙。

在叶恭绰等人的努力下，建庙款项得以筹集，选定的建庙之地也已批复。故而他们请倓虚法师来主持建寺事项。湛山寺的筹建，工程量大，时间也长，总共分为五期。从1934年动工到1948年才竣工，前后历时十几年。所幸的是，主体建筑在早期就已完成，这样，弘法教学的工作得以有具体的实施处所。

1935年，倓虚法师在湛山寺设立佛学专科补习班，后来改为湛山寺佛教学校，分专、正、预三科进行教育。之后又增设研究科。倓虚法师十分注重佛学的研究和学习，相应地，他对佛事经忏方面则不以为意。在他看来，佛事经忏往往会影响佛典义理的学习。

为了更好地方便僧众学习佛法，也为了更好地管理僧众，倓虚法师特别制定了《青岛湛山寺共住规约》。《规约》中有不少独到的规定，如《规约》中表明"教阐天台，行修净土"，又规定僧伽不可以出寺

青岛湛山寺大门，尹楠摄

应付经忏,也不准私自募缘等。这些规定对于整个佛教制度的建设都有重要的意义。

倓虚法师传弘天台包括弘法、建寺和安僧三个方面。他根据天台宗教义,宣扬天台教观。有人曾统计他讲经的次数,如《楞伽经》13遍,《弥陀经》24遍,《金刚经》42遍等,还有各种经论注疏不可计数。他也曾将佛法进行归纳,总结出一条简易法门,普利有情,即"看破、放下、自在"六字法门。

寺庙的兴建对于佛法的弘扬有重要的意义。倓虚法师深切明白这一点,所以在北方弘法的过程中,他指导修建了大量的寺庙。有人大致做过统计,如1921年在营口始建楞严寺,1922年在长春、沈阳筹建般若寺,1923年在哈尔滨建极乐寺,1927年在绥化建法华寺,1929年在黑龙江建大乘寺,1933年在青岛建湛山寺,1938年在吉林建观音古刹,1942年在天津建大悲院等。

黑龙江哈尔滨极乐寺,孙海摄

寺院的大量建设，为僧侣的安置和佛法的学习提供了莫大帮助。在这些新建的寺院中，倓虚法师大量设立佛学院，如1921年沈阳万寿寺佛学院，1924年哈尔滨极乐寺佛学院，1925年北京弥勒院佛学院，1932年西安大兴善寺佛学院，1935年青岛湛山寺佛学院、长春般若寺佛学院，1943年营口楞严寺佛学院。

四 律宗：弘一法师

他"二十文章惊海内"，是卓越的艺术家、教育家、思想家、革新家；他博古通今、融贯中西，集诗词书画、篆刻音乐、戏剧文学等多方面造诣于一身。他的才华名动天下，成一代风流，却又在辉煌当下，遁入空门，苦行修戒，成为南山律宗的第十一代律祖。他的一生波澜壮阔又细腻绵长，峰回路转却一往无回。赵朴初居士曾有诗为证："深悲早现茶花女，胜愿终成苦行僧。无尽奇珍供世眼，一轮圆月耀天心。"他就是一代律学大师弘一法师。

1　无尽奇珍供世眼

弘一法师出生于一富商家庭,在出家前,他才华横溢,名满天下,在诗词书画、篆刻音乐、戏剧文学等多个领域,都有极高的造诣,开创多个历史第一。

弘一法师

桐达李家出文涛

弘一法师，俗姓李，名文涛，字叔同，于清光绪六年（1880）出生在天津一富商家庭。李家祖上曾为盐商，略有资产。父亲李筱楼，是同治四年（1865）乙丑科的进士，曾官至吏部，后辞官经商，先后创办"桐达"等几家钱铺，时人称之为"桐达李家"。就李叔同祖籍而言，目前有天津、山西和浙江平湖三种说法，尚不能确定。

李家乐善好施，设私塾，舍衣食，创"备济社"，广受大家称赞。李筱楼更被人们称为"李善人"。李筱楼原有二子，长子夭亡，次子李文熙体弱多病。为保香火不断，他与妾室生下李文涛。相传李文涛出生时，有喜鹊衔着带露珠的松叶从窗外飞到产床边，它刚放下松叶，李文涛就出生了。父亲李筱楼喜出望外，虔诚念诵《金刚般若波罗蜜多心经》，并挥笔写下"李文涛"三个大字，李文涛之名即由此而来。

李文涛5岁时，父亲李筱楼去世，哥哥李文熙充当了他的启蒙老师。他教李文涛《千字文》《朱子家训》等儒学之道，希望将其培养成一位懂得诗书礼仪的大家子弟。青少年时，李文涛还曾跟随天津名士学习诗文、书画、篆刻等，受到良好的传统文化洗礼和熏陶。这为他以后的成就奠定了扎实的基础。18岁时，李文涛在经史子集、金石书画、诗词歌赋等多方面已经小有成就了。这年岁末，为宽慰寡母之心，李文涛遵奉母命与天津茶商之女俞氏结婚。

叔同才名领风流

李文涛关心时事，他赞同康、梁变法图存的主张，甚至曾私自刻有"南海康君是吾师"的印章。因此他也受到当局迫害，被迫携眷奉母，乘海轮前往上海避祸。

凭借着自身出众的才华和优雅的风度，李文涛很快就融入了当地的一些团体。他成为城南文化社的中心人物，也与上海诸多名士，如许幻园、张小楼等结为金兰之好。同时，他还结识了诗文兼通的朱慧百、名妓李苹香、评剧名旦杨翠喜，并与之结为"红袖加盟"。李文涛与这些名士好友一起吟诗作画写文章，成一时风流佳话。

然而不久后母亲去世了，李文涛悲痛万分，甚至改名李哀，以寄托哀思。在悼念母亲的日子里，他想了好多好多。最后决定告别上海，前往日本。这一年他26岁。

李文涛到了日本后，改名李叔同，进入东京上野美专学习，成为近代中国第一个出国学习音乐绘画的学生。课余时间，他还喜欢戏剧，曾与同学创建春柳剧社，并参演《茶花女》等剧，是中国话剧运动创始人之一。

1910年，李叔同回国走进天津"工业专门学堂"课堂教授绘画课，翌年任上海城东女学音乐教员。1912年主编《文美杂志》，并担任杭州两级师范音乐和美术教师。1915年，李叔同任南京高等师范学校美术教习，在教学中首先提倡使用人体模特，并组织洋画研究会等社团，倡导美育。

小知识◎《送别》

《送别》是李叔同于1914年所做的一首送别歌,被誉为20世纪最优美的歌词,当时署名李息霜。这首歌在曲调上优美至极,意蕴悠长,在文字上精简凝练,意境深邃,实现了音乐与文学的完美结合。

在曲调上,《送别》乃是取调日本歌词作家犬童球溪的《旅愁》而作的,而《旅愁》则是犬童球溪采用约翰·P.奥德威《梦见家和母亲》的旋律而填写的。《梦见家和母亲》是一首"艺人歌曲",这种歌曲盛行于19世纪后期的美国,颇有黑人歌曲格调的影子。

在歌词上,《送别》以长亭、古道、夕阳、笛声等景物,衬托寂静冷落的气氛,进而感慨天涯地角,知交零落之伤情,及至最终尽付一壶浊酒,让人百感交集,犹道不舍之情。

相传《送别》背后还有一个美丽的故事。1914年,李叔同的好友许幻园破产了。他来到李叔同门前,向他告别。一句后会有期说尽,连好友的家门也没进去。李叔同看着昔日好友远去的背影,思绪万千。当他反身回屋后,把门一关,含泪写下《送别歌》:

长亭外,古道边,芳草碧连天。

晚风拂柳笛声残,夕阳山外山。

天之涯,地之角,知交半零落。

一壶浊酒尽余欢,今宵别梦寒。

长亭外,古道边,芳草碧连天。

晚风拂柳笛声残,夕阳山外山。

◎李叔同的才华

李叔同一生天纵英才,才华横溢。

书法 李叔同的书法成就卓越。他的书法早期脱胎于魏碑,后期则自成一体。既绝逸超尘、精严净妙,又浑如璞玉,风骨中见闲雅之致。有人说李叔同的书法融合了儒家的谦恭、道家的自然、佛家的静穆,为书中逸品。李叔同弃诸艺而入空门,唯于书法勤耕不辍,常写佛语,广结善缘。

话剧 李叔同是中国话剧的奠基人之一。他是中国第一个话剧团体春柳社的主要成员。他参演的《茶花女》是国人

西泠印社前山石坊,唐国增摄

上演的第一部话剧。他所饰演的女主角玛格丽特极其到位，广受好评。

音乐　李叔同主编了中国第一本音乐期刊《音乐小杂志》。他也最早在中国使用五线谱作曲，最早在中国推广钢琴，最早将西方乐曲理论介绍到中国。他所创作的《送别》被人誉为20世纪最优美的歌词。

绘画　李叔同是最早讲授西洋画知识的人，也是第一个聘用裸体男模进行教学的人，还是中国现代版画艺术最早的倡导者。他将西方美术第一次全面而又系统地引进国内，并培养出丰子恺、潘天寿等一批极负盛名的画家。

篆刻　李叔同早年从秦汉入手，兼攻浙派，后入西泠印社。出家前，他将自己所篆刻和收藏的印章悉数捐赠给西泠印社，并立有"印冢"，广为后世所传。

2　一轮圆月耀天心

李叔同在人生正辉煌的时刻选择出家,是有一定的因缘的。这一因缘既包括家庭环境的影响,也包括偶然的契机。

李叔同的父亲李筱楼晚年喜好佛经,尤其喜爱禅学。他的一言一行对李叔同影响较大。童年时,李叔同家里经常有僧人来诵经礼忏,李叔同和小伙伴也喜欢拿着床罩做袈裟,扮成和尚,口诵佛号,照猫画虎地学起来。

除了家庭因素的影响,断食修心也提供了偶然的契机。

有一次,李叔同的好友夏丏尊无意中向他介绍了日本杂志上的"断食疗病法",李叔同立马想起印度婆罗门教的断食修心之说。他多次向夏丏尊提起断食一事,并希望亲身实践。

1917年底,李叔同没有选择回家过年,而是前往大慈山虎跑寺,开始断食生活。在断食期间,他除书法、刻印外,以静、定、安、虑为主要生活内容。二十多天后,李叔同回校,然而寺院的生活、佛门的殿堂却徘徊在他心里。

除夕时,他再次到虎跑寺,并参拜了寺里诸位法师。正月初十晚上,李叔同向了悟老和尚顶礼膜拜，表明心迹，希望皈依三宝，弘扬佛法。了悟和尚高兴地答应了此事。

然而，当李叔同回校和同仁好友说及此事时，却遭到大家的反对。可是李叔同向佛之心早已坚定。他一面做出家的准备，另一方面写信给妻儿长兄，表明决心。

临近暑假时，李叔同将自己身边的东西分散给各位好友和弟子。他将所有画谱和画稿及理论作品全部留给丰子恺；所有的名剧、文集留给平陵；一些俗家衣物，则赠给闻玉。将东西分完后，李叔同直奔大慈山定慧禅寺出家。了悟和尚为其剃度，并赐法名演音，号弘一。九月，李叔同前往灵隐寺受戒，成为一个正式的比丘。

杭州灵隐寺（云林禅寺），厶力摄

3 律祖广弘南山律

弘一法师是南山律宗第十一代律祖,在南山律学的弘扬、律学典籍的整理和律学教育方面成就卓越,做出了重要贡献。

律改有部宗南山

佛教有经、律、论三藏之说,可见律之地位。相传释迦牟尼为约束僧众而制定各种戒律,并告诫众弟子,在其没后当依戒律而行。第一次佛教结集时,由优婆离诵出律藏。汉地对律学之熟悉,始自对律学经典的翻译,而后渐渐形成一着重研习、传承、受持戒律之流派,即律宗。南山律宗是律宗中重要的一支。

南山律宗以道宣为代表。道宣为智首的弟子,他精通戒仪,博通《法华》《涅槃》《楞伽》《胜鬘》等经典的旨意。他的著作众多,其中以《四分律比丘含注戒本》《四分律删补随机羯磨》《四分律删繁补阙行事钞》《四分律拾毗尼义钞》和《四分比丘尼钞》最为著名,后世称其为南山律宗五大部。另外,道宣创设戒坛,制定佛教受戒仪式,广弘《四分律》，从而正式形成宗派。因道宣久住终南山，所以其所开创的流派也被称为南山律宗。

同时弘扬《四分律》的还有相州日光寺的法砺和西太原寺的东塔怀素，后人将此二人所开创的律宗流派分别称为相部宗和东塔宗。南山宗、相部宗、东塔宗后被称为律家三宗。

然而，后世流传最广的还属南山律宗，而道宣也被尊为南山律宗第一祖。道宣之后传周秀、道恒、省躬、慧正等，至宋代允堪、元照而再盛。然而，元明之际，南山律宗衰微之至，几无可闻。到明末清初时，又得如馨之再兴。到民国时，则有弘一法师为代表。

民国时期，僧戒混乱，戒律徒有其形，却无实际效力。教门内持戒不严的现象，亦广为诟病。感叹于此，弘一法师自出家之初就高度重视戒律之学。他先后发心学戒学律。在学律之初，弘一法师主要侧重有部律。当弘一法师初读有部律时，就对其赞叹有加。其后更专门研习有部律达十年之久，写下不少关于有部律的著作，如《根本说一切有部戒经》等。

后来，天津徐蔚如居士告诉他，中国传统律学千余年来一直宗依南山律，而非有部律。在他看来，律学的研究与弘扬也应重于此，而不应另外弘扬有部律。弘一法师接受了这一建议，开始"兼学南山"，乃至1931年于佛前发愿，弃有部律而专学南山律。此后，弘一法师潜心研究并弘扬南山律，亦写有大量的著作。比较有代表性的如1924年写成的《四分律比丘戒相表记》、1933年写成的《〈四分律含注戒本〉讲义》等。

律典整理笔不辍

　　研究律学和弘扬律学的关键一步，即在于传统律学经典的整理、编撰、解读和出版。这样一方面可以很好地梳理传统律学，使其重新焕发生机，另一方面又能更好地普及律学，扩大律学的影响。事实上，历史上各个时期的思想中兴，都伴随着对传统经典的整理解读等工作，弘一法师对律学的中兴也不例外。然而，由于历史的变革以及佛教的衰颓，唐宋律家大师的著作大都散佚，要想重新编撰校订，实为困难。即便如此，弘一法师也毫不退却，勤耕不辍。

　　弘一法师整理的律学著作很多，从唐代道宣的《四分律删繁补阙行事钞》，到宋代元照律师的《四分律羯磨疏济缘记》等，他都一一

弘一法师绝笔：悲欣交集

校订整理。除此之外，他还写下了大量的律学著作，如《南山律在家备览略编》等。该书于1940年编成，因其广博实用、系统详尽而广受重视。

虽然需要整理的著作很多，工作量也很大，但弘一法师的整理却极尽细腻之能事。如，为了让僧众持戒时提高警觉，弘一法师有时会对戒本做相应标记，用不同颜色和形状来区分"极易犯"到"难犯"间的各个等级次第。红色的三圈代表"极易犯"，红色两圈代表"颇易犯"，红色一圈代表"易犯"，黑色一圈代表"稀犯"，顿号代表"难犯"，正方形代表"不能犯"。

律学教育弘不绝

弘一法师的律学教育既体现在他对律学教育理念的创新，又体现在其对律学教育的指导和律苑的建设。

弘一法师将佛学教育与人格教育相结合，强调出家人应该"惜福、劳作、持戒、自尊"。这也是其律学教育所秉持的理念。他依靠自己良好的传统文化功底，从传统经典中汲取养分，并结合佛学教育自身特色，注重循序渐进，讲究持戒修行从生活点滴做起。他写了许多相关著作，如《学四分律入门次第》等。

在平常的教学中，弘一法师不拘泥于定法，既依照传统的讲学方式，也结合时代的变革，采纳新的方法。他既讲古德之言论，也倡导提问教学和书面请问。他既通过自己手书律学警句赠送他人的方式弘扬律学，也与学生丰子恺等编绘《护生画集》来宣扬戒律精神。

为宣传律学，弘一法师的足迹遍布大江南北，北至青岛，南至厦门都留下了他弘扬律学之法音。同时，他极其重视律苑的建设。如

1933年在泉州开元寺开设"南山律苑",1934年在厦门南普陀寺开设"养正苑"等。

弘一法师曾亲自为"南山律苑"书写楹联:"南山律教,已七百年湮没无为,所幸遗编犹存海外;晋水僧园,有十数众弘传不绝,能令正法再住世间。"这副楹联极好地表达了弘一法师对律学的展望。

福建泉州开元寺,谭伟摄

◎ 特色篇

一 爱国诗僧：敬安法师

在清末，以禅诗名于后世，以礼佛名于山门，以爱国名于青史，以卫教名于缁素者，当推敬安法师。

1 游学四方求佛法

敬安法师于1851年1月4日出生在湖南湘潭黄姓人家。他父亲中年得子,喜出望外,希望孩子将来能读懂门前那座大山的诸多含义,成长为像山一样坚强厚重的人,所以给他起名叫读山。

读山年幼便随着信奉观音菩萨的母亲礼神拜佛,专注地听大人讲各种佛道故事,种下与佛之因缘。他对诗有极高的天分。有一次他避雨时,听到私塾里传来"少孤为客早"之句,便禁不住伤心,潸然泪下。私塾里的老师周云帆注意到这一幕,便开始教他念书识字,背诵唐诗。

敬安法师

1868年,18岁的读山感慨身世孤苦,便投湘阴法华寺出家,礼东林长老为师,名敬安,字寄禅。同年从贤楷法师受具足戒,开始了他一生追求佛法的道路。敬安精勤刻苦,尽心修禅。他听说岐山恒志禅师佛法高深，便冒雪前往仁瑞寺参访，于杂役间苦习禅法。在仁瑞寺他遇到了精通禅诗的精一和尚，二人结下师徒诗缘。

为求佛法，敬安游学四方。1875年，敬安出湘，遍游吴越之地，于禅门耆宿间参访拜学。他既曾泛舟西湖，也曾结社吟诗；既曾登岳阳、黄鹤之名楼，也曾观枫桥、秋潮之风光；既曾窥彻天童、雪窦之妙理，也曾穷揽霞屿、月湖之胜景。

敬安的足迹遍布各地，先后辗转于天童山、三茅山、伏龙山、普陀山、雪窦山、南岳、镇海、余姚等寺院，并担任过衡阳大罗汉寺、南岳山封寺、宁乡秘印寺等六寺的住持。

19世纪末的浙江宁波天童寺天王殿

2　八指头陀结诗缘

对敬安来说，无论是学诗访学之路，还是如今以诗名垂于后世，他的一生都与诗有着深厚的因缘。

敬安小时候因避雨而得闻"少孤为客早"之句，感其深情，禁不住潸然泪下。这是他与诗的第一次接触。读书识字后，敬安对诗越发喜爱，却一直无缘得遇良师。正当有所惆怅时，他遇到了仁瑞寺的精一和尚。精一和尚精通禅诗，是敬安诗路的领航人。此后，敬安与诗的缘分日深，渐有所得。

1871年，21岁的敬安到巴陵省亲，探望舅舅，途经岳阳楼，便兴致勃勃登楼一览。只见水天一色，碧波万顷，他禁不住高声吟出"洞庭波送一僧来"之句。敬安这一句很快被在场的人传扬开来。当时著名诗人郭菊荪听到，大加赞扬，并面赠《唐诗三百首》，勉励他努力学习。敬安自己

湖南岳阳楼，阎建华摄

也觉得基础不够好，所以更加努力，废寝忘食，行吟南北，参禅写诗。

敬安的诗有不少感慨世事沧桑与国运变化之作，如："弹铗归来旧业空，只留茅屋惹春风。凄凉莫问军中事，身满枪痕无战功。"诗中满是对侵略战争的控诉、对战士保家卫国的感慨和对现实不平的悲叹。此外，敬安也喜欢以《楞严经》《圆觉经》杂糅《庄子》《离骚》，因此，他的诗虽然多感慨世事沧桑，但终究也不脱清奇自然、情理交融之淡泊。

1877年秋，敬安怀着朝圣的心情来到浙江鄞县阿育王寺。相传阿育王曾取出王舍城大宝塔阿阇世王分得的佛陀舍利，分送各地，并建塔安置。中国共建造了十九座舍利塔，唯一保存下来的就是浙江鄞县的阿育王寺。

浙江宁波阿育王寺，王苗摄

在阿育王寺寄住期间，敬安常常拜倒在舍利塔前，百感交集，他感激佛祖给予他生活的力量与勇气，并写下《游阿育王寺》《宿阿育王寺》等诗作。离开阿育王寺时，有感于佛祖求法之诚，于是仿效佛祖"千疮求半偈"之事，在阿育王寺舍利塔前烧残二指，并割臂肉燃灯供佛，自号"八指头陀"。

八指头陀诗集

敬安与各位诗坛名士多有往来。他曾与王闿运等在长沙结"碧湖吟社"，也曾赴郭嵩焘等"碧浪湖重阳会"，还曾与陈伯严等于金陵结"白门佳会"。敬安一生诗作宏富，总共有一千九百多首，主要收录在《八指头陀诗集》《八指头陀诗续集》等著作中。

3　爱国忧民落壮笔

清末的中国，人民处于水深火热之中，面对此情此景，敬安一方面亲身投入到爱国救亡的运动中，另一方面也在诗歌中表现了爱国忧民的思想。

甲午战争后，面对国家的危难与倾颓，现实的黑暗与不平，敬安心中悲悯众生之苦，毅然放下灰身灭智的一贯主张，从济世度世的本愿出发，大声呼出"我不愿成佛，亦不愿乐生"的宣言。他创作了大量的爱国诗作，不仅揭露外敌侵略者的罪行，也歌颂英勇战士保家卫国的爱国精神，甚至投身于革命的洪流之中。

如，1884年，法国军舰闯入福州马尾港发动突然袭击，中国水师损失惨重。此时的敬安正卧病在宁波延庆寺，当他听闻交战的消息，心急如焚，不能入眠。1905年，江淮洪水泛滥，百姓流离失所，衣食无着，敬安心中极度哀痛，作《江北水灾》一首，表达悲悯哀痛之情。

又如，1908年，隐伏在僧寺从事革命活动的栖云和尚被捕入狱，敬安积极设法营救，最终将他保释出来。1910年，敬安在寺内读报，得知日俄签订协约，写下《感事二十一截句附题冷香塔》，揭露日俄瓜分中国的诡计，抒发自己的悲愤与爱国之情。

4　护教兴学拂袖终

对寺产的争夺与保护，是清末佛教发展的一个特点。1898年，康有为、梁启超等"公车上书"，主张罢科举、兴学校。许多人借此机会，侵吞寺产，兴起了"庙产兴学"之风。这是近代佛教史上的重大事件，许多人或是出于兴办教育之需要，或是因为对佛教的不了解，或是由于对寺产之觊觎，而强行吞并寺产，造成寺产毁坏、僧尼被迫还俗等结果。这引发了当时佛教高僧的护教行为，他们一方面联合反对庙产兴学，保护寺产不受侵占，另一方面也积极谋求佛寺发展转型的新出路，如兴办佛学院等。

在"庙产兴学"的风潮下，时任湖广总督的张之洞采取排佛政策，想没收各地佛寺的财产，兴办学校。这一举动危及佛寺之生存。杭州有僧人私自以敬安的名义联合浙江三十五寺，投请日本僧人，希望通过日本僧人的保护抵制地方官吏侵夺寺产。敬安听后，非常气愤。他虽然反对"庙产兴学"之风，但对联名求助日本僧人的举动却也坚决反对。他一方面写信给当事者，让其撤销联请报告；另一方面报告中央外务部，澄清事实，并申请各寺自办僧学。最终政府同意了这一请求。

江苏扬州天宁寺,杜宗军摄

　　1908年初,敬安在宁波创立僧教育会,为"保教扶宗,兴办学校"上下奔走。后来,敬安先后开办了湖南僧学堂、扬州天宁寺普通僧学堂等,又在宁波创办僧众和民众两个小学,开我国现代僧教育之先河。

　　辛亥革命后,侵夺寺产之风愈演愈烈,敬安联合各地僧侣,在上海筹组"中华佛教总会"。1912年,总会成立于上海留云寺,敬安任会长。这是中国第一个佛教的全国性组织。总会成立后,敬安前往拜谒孙中山,请求政府保护寺院财产。孙中山先生极为重视,并在《临时约法》中明确规定,加以保护。

　　但好景不长,袁世凯当上大总统之后,各地乱象丛生。湖南宝庆寺发生侵夺寺产的现象,宝庆寺僧众虽联名上陈,却被礼俗司司长杜关一口拒绝,无奈之下,只好向敬安求助。

　　敬安知道后,积极奔走,带领弟子道阶和虚云等赴北京请愿,拟请内务部下令发还寺产。10月2日,敬安专门前往拜谒杜关,但杜关摆出一副官架子，对敬安极尽羞辱与威吓。敬安极端气愤，拂袖而去。当他回到法源寺时就觉得胸闷，当晚坐化圆寂，时年 62 岁。

小知识◎千疮求半偈

"千疮求半偈"之事为北本《涅槃经》所载，佛祖前世为雪山大士时，帝释天为考验他，故意只说前半偈颂"诸行无常，是生灭法"，雪山大士为求佛法，慨然应允帝释天食其血肉之要求，得"生灭灭已，寂灭为乐"之后半偈。世尊也因此因缘超越十二劫，先于弥勒之前成佛。

二 佛教改革：太虚法师

太虚法师在近代佛教史上以佛教改革的思想与亲身的实践而闻名，其"人间佛教"的倡导，"教理""教产""教制"三大佛教革命之提出，具有重要的意义，也给今天佛教界带来了广泛而深远的影响。此外，他爱国救国，弘法抗战；创办多所佛学院，培养弘法人才；践行佛法弘化，甚至走出国门，积极弘扬佛法于世界。

1 少年出家学佛法

启蒙发智向四方

太虚法师,俗姓吕,乳名淦森,学名沛林,法名唯心,字太虚,号昧庵,于清光绪十五年十二月二十八日(1890年1月8日)出生于浙江省海宁州长安镇。

太虚法师幼年丧父,母亲改嫁,他只得在外婆家生活。外婆生性敦厚,佛道兼修,常赴佛教名山大川进香朝拜,太虚法师也跟随着一起前往。这样的氛围为他日后走上佛教的道路播下了种子。

太虚法师五六岁时就开始了启蒙教育。那时,他的小舅在大隐庵旁开设蒙馆,外婆便带着太虚法师与小舅同住,以便在蒙馆中随同受教。太虚法师接受了传统的私塾蒙馆教育,虽然他没有正

太虚法师

式上过私塾，在读书时也因身体之故而时读时辍，但私塾教育为他奠定了文化基础。

因太虚法师体弱多病，外婆便带着他四处拜佛，祈求神佛保佑，身体健康。他到过九华山、普陀山，也参拜过宁波天童寺、阿育王寺、灵峰寺等。这些经历对太虚法师有较深的影响，正如他晚年回忆时说，多次朝拜名山、礼佛进香，养成了他不畏山河险阻、好冒险远游之性情，而寺僧之优游自在的生活，也让他多有欣羡之情。

太虚法师幼时也曾当过杂货店学徒，后因身体原因而作罢，在一座小庵中静养。外婆让他温习四书等，以求科举获得功名，但因学资缺乏而终不得，只得继续其学徒生涯。但太虚法师明白，这不是他想要的选择。

出家受戒阅经藏

光绪三十年（1904），太虚法师决意前往普陀山出家修行。他打算由嘉兴转上海，坐海轮前往普陀山。然而阴差阳错，在到达嘉兴后，他误上了前往苏州的轮船。无奈之下，他只好在平望登岸，打算重回嘉兴。

在平望登岸后，太虚法师信步闲走，不经意间来到小九华寺。这让他想起了之前随外婆往九华山进香的情景，于是他起意就在小九华寺拜师父出家。他向寺院监院士达法师表明了自己出家之意，士达法师当即应允。然而，小九华寺属于十方丛林，并无资格剃度收徒出家。于是士达法师带着太虚法师来到苏州木渎岩岩山寺明镜法师兼管的一座小庙，为其披剃，并取法名唯心。

这座小庙是禅宗临济法脉。据印顺法师考证，太虚法师所依临济法脉偈云："心源广续，本觉昌隆，能仁圣果，常演宽弘，唯传法印，正悟会融,坚持戒定,永继祖宗。"太虚法师的法名"唯心"的"唯"便是第十七字。

同年秋,士达法师带着太虚法师前往浙江镇海县团桥镇的玉皇殿,拜访师祖奘年法师。奘年为其立表字为"太虚",这也是太虚之名的由来。奘年法师对太虚疼爱有加,得知其身患疟疾,带他就医。病愈后,奘年带着太虚法师前往宁波天童寺受戒。受戒和尚为八指头陀敬安法师,教授师为普陀山锡麟堂住持了余法师,尊证师为道阶法师,开堂师为净心法师。自此,太虚法师真正成为一名比丘,然而他却觉得自己未满20岁,"始终不敢自称比丘"。

受戒后,太虚法师学佛之心更加坚定,认为唯有深入经、律、论三藏,熟悉佛门仪轨,才能成为名副其实的僧人。寄禅法师见太虚法师聪慧非常,又有意学佛,便介绍他前往宁波永丰禅院依主持僧歧昌法师学习经教。在永丰禅院期间,太虚法师刻苦用功,不仅学习了较规范的佛教义学,也对旁涉宗门禅修,并得有机缘与圆瑛法师相识,交相往来。

结束了永丰禅院的学习,太虚法师回到天童寺,随道阶法师听经学教,对《法华经》颇有所悟。道阶法师对太虚法师也极为器重,让他专司检录经书,使其博览经书。值得一提的是,在天童寺期间,在圆瑛法师的鼓励下,太虚法师发心遍阅大藏,开始了佛学生涯的重要转折。然而在当时,得阅大藏并非易事。圆瑛法师知道后,帮忙介绍和联系寺院,选定慈溪西方寺为阅藏地,并于1907年秋亲自送太虚法师前往。

在阅藏期间,太虚法师有诸多收获:一、他充实了自己的佛学知识;二、他获得了自己人生第一禅定开悟的经验;三、他结识了倾向于革命维新思潮的华山法师,并逐渐认同了维新思想,这对日后佛教改革运动有重要影响。

小知识◎圆瑛法师

圆瑛法师（1878～1953），俗姓吴，名宏悟，号韬光，福建古田人。19岁时，圆瑛法师于福州鼓山涌泉寺剃度，次年，依涌泉寺妙莲受具足戒，不久，又前往常州天宁寺，依冶开法师参究"什么是本来面目"话头，达三年之久。

1901年，圆瑛法师在禅七中，参至饮食不知其味，定境现前，即说偈曰："狂心歇处幻身融，内外根尘色即空。洞彻灵明无挂碍，千差万别一时通。"求印证于冶开，冶开回答说："此不过用心得力，暂得轻安，从此进修，不着不求，证悟有望。"1905年，圆瑛又依天童寺寄禅和尚打禅七，至第八日晚，定境复现，觉身心俱空，湛寂圆明，口说偈曰："山穷水尽转身来，迫得金刚正眼开。始知到家无一事，涅槃生死绝安排。"

此后，圆瑛法师又跟随通智、谛闲、祖印、慧明、道阶等诸师修习教观，自此宗说兼通，被福州雪峰寺达本法师、宁波七塔寺慈运法师许为嗣法弟子，分别承曹洞宗第四十六世、临济宗第四十世心灯。此后讲经说法、诗偈文章，皆渗透禅味，指归一心，亦多次主持禅七，接引禅人。

圆瑛法师历任宁波七塔寺、天童寺，福州雪峰崇圣寺、鼓山

圆瑛法师

涌泉寺、法海寺、林阳寺，南洋槟城极乐寺等名刹住持，还担任过中国佛教总会参议长及中国佛教会会长等职。

圆瑛法师一生以从事佛教社会活动和讲经说法而著称。就思想而言，其得法于禅宗，但在佛学上却不专一宗，被视为近代融通诸宗的代表人物。

2 一期佛改三革命

太虚法师在《我的佛教改进运动略史》中,对其三十余年的佛教改进运动做了一番梳理。其中,第一期佛教改进运动时间大约为1907年至1914年。其间,他参加了新式学堂,亲身感受了其内涵与艰难;他也参加了金山寺事件,虽然计划最终未能如愿;他还系统地提出了"教理""教制""教产"三大革命理论。

革新初向入学堂

传统与革新是太虚法师所处时代的特色,这在太虚法师身上也表现得极为明显。如果说以往的太虚法师主要是进行传统的寺院修习生活和学习,那么自阅藏时期与华山法师的交流开始,太虚法师逐渐转向革新。

除了华山法师,栖云法师对太虚法师佛教革命思想的形成也有重要影响。1908年夏天,太虚法师避居小九华寺时,与栖云法师相识,并从他那里较为全面地接触了民主革命的各种作品和思想。

在华山法师和栖云法师的鼓动下,太虚法师也实现了由传统佛堂到新式学堂的转变。1909年,太虚法师离开丛林禅堂,前往著名佛教居士杨文会创办的南京祇洹精舍求学,并与欧阳竟无等人同学。

祇洹精舍是杨文会1907年所创办的新式佛教学堂,其目的在于提高佛教僧人的素质,根治当时僧界的弊端,培养学兼中西的佛学人才,以振兴佛教,弘化世界。祇洹精舍开设的科目包括佛法、汉文与英文,其中苏曼殊教授英文,李晓暾教授汉文。

然而,在太虚法师入学半年后,祇洹精舍因资金与生源问题而不得不停办,太虚法师又转入南京僧师范学堂继续学习。

这段新式学堂的学习经历虽然很短,太虚法师也常称祇洹精舍为半新式学堂,但他在这段时间内,亲身感受了其内涵和艰难,这对太

金陵刻经处成员合影。1915年3月,佛学大师欧阳竟无居士(后排中)召集南京金陵刻经处研究部成员,商讨扩大佛教经卷刻印事务。金陵刻经处为近代中国刻印佛教经卷最多的机构,由杨文会创建,欧阳竟无继承接办

虚法师的佛教教育理念和佛学改革思想都产生了重要的影响，具有重大的意义。

金山新旧全武行

结束学堂的学习后，太虚法师回到西方寺阅藏。1910年，栖云法师来邀请太虚法师前往广州，协助月宾法师组织"粤僧教育会"。次年，太虚法师随栖云法师到达广州。在广州时，太虚法师开设佛学精舍，编辑佛教教材，定期宣讲佛法，颇受瞩目，不久他便被推举为双溪寺住持。然而，因黄花岗起义失败，栖云法师被捕，太虚法师也被牵涉其中。得友人之助，太虚法师平安离开广州，返回浙江。广州的这段经历，使太虚法师对革命有了亲身感受。

江苏镇江金山寺，靖艾屏摄

回到浙江后，太虚法师拜访了奘年法师和敬安法师。后因侵占寺产之风日甚，众多佛教僧徒在上海召开佛教徒联合会，推举敬安法师入京请愿，太虚法师负责起草纲领策划书。但这场请愿最终未能成行。

1911年，武昌起义爆发，不少僧人响应，组织僧军。太虚法师则前往南京，与观月、宏模等人组织"中国佛教协会"。为了得到国民政府的支持，他们还将起草的会章、宣言报呈南京临时政府备案，得到许可后，太虚法师着手准备。此时，太虚法师在南京祇桓精舍的同学释仁山也到南京请愿，欲以镇江金山寺兴办僧学堂。太虚大师听到这个消息，向仁山建议，将组建佛教协进会和兴办僧学堂合二为一。仁山表示同意，提出佛教协进会成立大会安排在镇江金山寺举行。

成立大会召开那天，各界僧俗来宾众多，主要以革新派为主，大会一致推举太虚法师为主席。随后仁山作演讲，演讲后扬州僧人寂山随后登台，以教训的口吻加以批驳。仁山亦再次登台，历数寂山等人的专制，并当场提议金山寺办僧学堂，改为佛教大学，全部寺产充当办学经费。然而这一激烈言辞，遭到保守派的严厉反对，一时口舌相争，甚至演变成"全武行"的惨剧。会后，守旧派僧人四处活动，登报抗议，上书政府，甚至密谋诉诸暴力。一日深夜，他们带人将仁山等人打成重伤。

最后，这件事由于官方的介入惨淡收场，而太虚法师佛教协进会的组织也被迫流产。这一事件的发生，虽然夹杂着个人恩怨，也有革新派僧人的行为太过鲁莽的问题，但更重要的是，它既反映出新旧僧人的冲突，也体现了当时的提法与做法太过超前，操之过急。这一点太虚法师在回忆中，亦多有提及。

三种革命促改进

金山寺事件后,敬安法师将太虚法师招来上海,让他参与筹创"中华佛教总会"。敬安法师提倡"政教分立、政教并进",主张佛教改进需与社会改革同步进行,太虚法师也依此而行。然而,这一思想虽有人赏识,但总体来说是受冷落的。此后一段时间,太虚法师离开上海,返回浙江。

1913年,敬安法师因护法而郁愤,示寂于北京法源寺。同年2月2日,其追悼大会在上海静安寺举行。太虚法师在追悼会上发表演说,以抒发心中的悲愤。在演说中,他提出了佛教三种革命的主张,即教理革命、教制革命、教产革命。

在后来《我的佛教改进运动略史》中,太虚法师对这三种革命做了一番说明。在他看来,教理革命,是佛教的教理应该有适应现阶段思潮的新形态,不能太过守旧,应该多注意现生问题,而不应该专向死后;教制革命,乃是对佛教组织,尤其是僧制的改善;教产革命,是要打破剃派、法派等继承制私传之陋习,将教产变为十方僧众公有,还应该培养僧才,兴办教务。

然而,太虚法师的三种革命说,遭到部分保守人士的反对。太虚法师遂撰文回应,表达他佛教三种革命之说,实能把握佛教革命的问题。太虚法师也积极实践自己的主张,如他曾在宁波观宗讲寺筹建"佛教弘誓会",离开观宗讲寺后,又住持观音寺,发起"维持佛教同盟会"等。可惜这些举措均未有结果。

3 二期佛改新篇章

太虚法师的第二期佛教改进运动时间大约为1914年至1928年。其间,他于普陀山闭关,成立觉社,创办《海潮音》等刊物,革新净慈寺,弘法讲经,成立正信会等。这一时期,太虚法师有不少改革的具体实践,有些获得了成功,有些则因各种原因而失败。

闭关觉社海潮音

1914年8月,太虚法师在普陀山锡麟禅院闭关潜修,1917年2月出关。这段时间,太虚法师不断学习佛法,充实自己,也不断对佛教改革、佛教出路加以思索和探寻。太虚法师的闭关并非与世隔绝,在闭关时他也积极关心外面的新思想、新动态,并于1915年撰写了《整理僧伽制度论》。

出关后,太虚法师拜访了奘年法师,又陪同圆瑛法师等人游历,更得机会代替圆瑛法师前往台湾,并借机前往日本考察佛教。此次出行对太虚法师颇有触动,他进一步完善了自己的思想,也更增强了革新佛制的信念。

1918年8月，太虚法师与章太炎等在上海成立觉社，推举蒋作宾任社长。觉社强调"佛法研究"与"佛法宣传"。太虚法师觉得这是实行和推广自己佛教理念的好机会。他在上海主持觉社时，主要做了如下几件事：一、《觉社丛书》的出版和发行；二、成立佛教讲习会，不定期举行讲法；三、商议创办佛教大学部及孤儿院等。第三件事因各种原因而未能实现。

1919年，太虚法师移居杭州。1920年，改觉社季刊为《海潮音》月刊，太虚法师特地撰文，对"海潮音"的命名加以解释，认为这是"人海思潮中的觉音"。其创刊宗旨，便是"发扬大乘佛法真义，引导现代人心正思"。《海潮音》第一卷由太虚法师主编，第二卷开始便交予他人。后虽因环境而辗转迁移，但《海潮音》一直坚持出刊。

《海潮音》

净慈讲经正信会

1921年，杭州净慈寺因故负债累累，无法维持，在寺中闭关的因原法师和如惺法师商请太虚法师前往净慈寺继任住持。太虚法师当月即进寺接任。当时的净慈寺早已禅风偃息，宗门凋落，太虚法师迅速展开改革，有破有立。就破而言，禁绝寺僧吸食鸦片，拆除各寮私设荤腥小灶。就立而言，他重组寺院管理人员，积极修理寺庙殿堂，陈设书籍，整洁环境与卫生，加强禅修，开设教育机构"永明学舍"，筹建佛教慈儿院。这一系列措施，使得净慈寺道风再振，法遇渐隆。

然而，正当改革如火如荼之时，太虚法师却卷入佛寺纠纷之中，最后太虚法师净慈寺住持之位被撤销，改革也终止。其原因表面上是太虚法师出任住持之初，因事务繁忙，而没有请邻近寺院老住持公正，升座后也未适时拜访，实质上是太虚法师的改革措施损害了某些既得利益者的利益，这反映出新旧两种不同势力的交锋和矛盾。

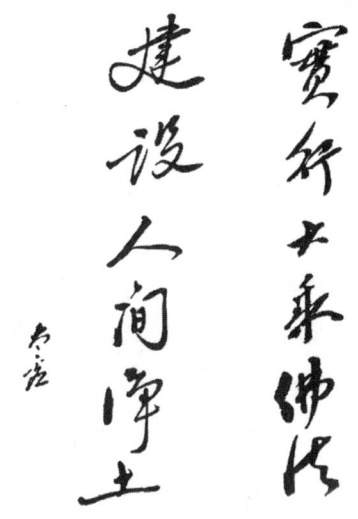

太虚法师墨宝

除了亲身践行佛教改革，太虚法师的另一个重要工作是讲经弘法。早在1919年，太虚法师居留北京期间，北京在家佛教徒发起"己未讲经会"，邀请太虚法师在观音寺宣讲《维摩诘经》。此后几年，太虚法师还赴武汉开讲《大乘起信论》《圆觉经》等。太虚法师的讲经弘法影响很大，法名远播。

太虚法师讲法的中心之一是武汉地区，他曾多次前去讲法。1929年，改组原来的"汉口佛教会"为"汉口佛教正信会"，使之成为中南地区影响力最大的佛教居士弘法组织。随后太虚法师又前往长沙，发起成立"长沙佛教正信会"。太虚法师以这两个佛教正信会为统一在家信徒的团体，设立相关组织，使其成为真正信受佛、法、僧三宝的正信会。

佛化运动弘佛法

除了上述弘法运动与佛教改革实践之外，太虚法师还做了许多其他的工作，如提倡"僧自治说"、创设"僧农村学"等；为了推动西部佛教会的建设，他还亲自西行游化，弘法讲说。其中，最值得说的是他推行的"佛化运动"。佛化运动包括两方面：一是佛化青年，二是社会弘法。

就"佛化青年"来说，太虚法师极其重视青年佛教信徒的培养，他试图模仿基督教青年会组织，组建佛化青年会。1923年，太虚法师在武汉改组原"新佛教青年会"为"佛化新青年会"。同年6月，又提出在庐山成立"世界佛化新青年会"，其宗旨乃"本佛化之慈悲，作真理之贡献"，使佛化新青年成为"新文化"和"新道德生活"的实践者。次年，佛化新青年会在北京法源寺召开大会，由道阶法师主持。然而，佛化青年进而佛化社会的举措，进一步引发了佛教内部新旧两种势力的冲突。至1927年，佛化新青年会基本已瓦解。

就"社会弘法"来讲，主要体现在太虚法师的讲经弘法，有两点尤其值得说明：一是太虚法师弘法固然希望佛法普及、信众归依，但更侧重的是佛化社会，以及普及佛法基础的修持规范与修学程序；二是太虚法师的弘法很重视到大学、中学和一些机关中进行。1922年，太虚曾应武昌中华大学的聘请，前往讲授佛教课程，1925年，他又开讲《仁王护国般若波罗蜜多经》。此外，他还到过燕京大学、河南大学以及一些中学、监狱和社会机关中弘法。通过一系列的弘法，太虚法师教授佛学之知识，也阐发了自己的思想。

4　弘法世界图救亡

弘扬佛法是太虚法师心中的夙愿。他的弘法，在空间上，不仅局限在国内，更走向世界；在实践上，不仅只是对佛教的弘扬，更与抗战救亡联系在一起。

日台欧美寰游记

早在1917年，太虚法师便代替圆瑛法师前往台湾参加法会，广宣佛义，并借此机缘，前往日本考察日本佛教。

在台湾期间，太虚法师主要的活动有二：一是参加法会，弘宣佛法；二是游览。尤其值得一提的是，在法会结束后，太虚法师与在台弘法的日本法师熊谷泰寿进行笔谈，问询日本明治维新以来佛教发展的情况、日本佛教在欧美的传播情况、日本佛学的研究情况以及日本佛教僧制的特点等。太虚法师颇有收益。

太虚法师前往台湾的主要用意，是希望借机前往日本考察佛教，与中国佛教改革相比照，以有所启发。1917年12月，太虚法师结束在台湾的两个月行程，前往日本，他选择京都作为日本之行的重点考察地区。在考察中，太虚法师着重了解僧制以及一些佛教大学的课程设置等，发现其与自己撰写的《整理僧伽制度论》有不少相合之处。他也注意到日本佛教的一些不如意之处，认为不可照搬照抄。日本之行，给太虚法师很多思想上的启发，也坚定了其佛教改革的信心。

太虚法师在日本考察时间并不长，很快就回国了。在日本考察后，太虚法师有意了解海外华人聚居的南洋佛教。虽然1918年夏，有人邀请太虚法师游化南洋，但最终因一战尚未结束，未能成行。直到1926年，太虚法师为推进世界佛教运动，前往星洲（新加坡）讲经会，方有南洋之行。太虚法师在南洋并不着意弘法宣化，而更重要的在于促进成立"南洋佛教联合会"。此后，太虚法师又多次到新加坡，并得机缘前往香港弘法。

太虚法师的弘法还远达欧美。太虚法师希望通过对欧美地区的弘法，筹建真正的世界佛教联合组织。1928年，太虚法师离开上海，前往欧美弘法，先后游历了法国、英国、比利时、德国和美国等欧美国家，其中法国和德国是其游访的重点。太虚法师的欧美游化主要包括讲演、参观、访谈三部分。关于此次游化的见闻和经历，他写成《寰游记》加以记录。欧美游化对于太虚法师自己而言，收获是很多的，但就佛法传播来看，其实影响并不如想象的那么大。

弘法抗战反侵略

太虚法师是著名高僧，也是一位杰出的爱国主义者。1931年，"九一八"事变发生后，他就撰文倡导秉承佛训，起而革命。

1937年，卢沟桥事变的消息传来，太虚法师无限感慨，深感国难日重。随后，他电告日本佛教徒众，劝其本佛陀之精神，向日本政府抗议，以停止侵略，又电告全国佛教徒，希望克保和平，在政府指挥下，奋勇护国，并且练习后防工作，尽力为要。次年，他又在成都广播《佛教徒如何雪耻》，号召全国佛教徒参加抗战。

1939年，为获得国际尤其是同受日本侵略威胁的东南亚诸国的同情与支持，国民政府函聘太虚法师为佛教访问团团长，出访缅甸、印度、锡兰（斯里兰卡）等国家。12月，太虚法师抵达缅甸，受到缅甸方面的盛大欢迎。他发表了多场演说，出席各种集会，呼吁缅甸各界以及海外华人反对日本侵略的行径。次年1月，太虚法师抵达印度，并与印度国民大会领袖波史会谈，波史表示愿意进行医药救护，赞助中国抗日。著名诗人泰戈尔也热情接待了太虚法师一行。太虚法师还与尼赫鲁、圣雄甘地等会晤。太虚法师此次出行，增进了中印两国人民的友谊。2月，太虚法师到达锡兰，3月结束对锡兰的访问，到新加坡宣传，后返回昆明。

抗战胜利后，太虚法师也曾一度出组"中国佛教会整理委员会"，并任常委。国民政府还授予太虚法师"胜利勋章"。1946年3月17日，太虚法师在上海玉佛寺圆寂，享年59岁。

兴办佛学院

太虚法师一生创办多所佛教学院，其主要用意在于培养新式僧人。1922年，太虚法师在武汉诸位居士的大力支持下，创立了"武昌佛学院"。这是中国佛教史上第一所具有综合性质的佛学院。太虚法师任院长，李隐尘任副院长。佛学院开设有佛教史、佛教经论、中国哲学、印度哲学以及汉、日、英三语。1926年，因国民革命军攻入武昌，佛学院曾陷入停顿，直到 1929 年才逐渐恢复。

太虚法师还一度主持闽南佛学院。1927 年，太虚法师任厦门南普陀寺住持，兼任闽南佛学院院长。主持闽南佛学院期间，他制定了一系列措施，如专招出家众，注重律仪，实施严格的管理，模仿丛林制度等，其目的在于"造成佛教住持僧宝弘法利生"，这也是太虚法师僧制改革的反映。闽南佛学院开设的课程很全面，既有佛学、国文、语言，也有数学、历史、地理、科学、宗教、教育、艺术、体育、行持等课，而且这些课程有难易的梯度，便于进阶学习。

这两段办学实践以及日后弘法经验，使得太虚法师认识到，佛教僧人的培养必须具有世界性的弘法视野，而且要兼顾时代环境。他在欧美游化期间就提出"世界佛学院建设计划"，并撰文于《海潮音》上刊发。待回国后，他也积极致力于世界佛学院的建设，先将世界佛学院改称世界佛学苑，并设计了目标、分支、结构和体系等内容，基本建立了世界佛学苑的框架和架构。然而，由于时局的动荡和经费的缺乏，这一计划最终只有部分得以实现。

除此之外，太虚法师还在 1932 年创办了汉藏教理院。太虚法师一生从事佛教教育事业，虽历经磨难，曲折重重，然终取得丰硕的成果，于时代夹缝中，开辟了新式佛教教育之路。

◎现代篇

一 人间佛教：印顺法师

印顺法师，俗名张鹿芹，1906年出生于浙江海宁（今浙江嘉兴），解行并重，是近代著名的佛学思想家。他一生多病，却创作出众多的佛学著作，为后世留下了一笔宝贵的学术财富。他亦曾以《中国禅宗史》获颁日本大正大学博士学位，成为台湾首位僧人博士。他一生推行"人间佛教"，倡导契理、契机，为佛教的发展做出了重要贡献。有鉴于此，台湾新竹市政府还特别将曲溪里的南松桥改名为印顺桥。

1 为求佛法愿出家

印顺法师出生在一个半农半商的家庭,父亲张学义,母亲陆氏。印顺法师自幼便开始读书。6岁时,他进入私塾学习,次年跟随父亲至新仓镇,进入小学堂学习。三年后,他从小学堂毕业,在家自修半年。11岁时,他又前往硖石镇开智高等小学堂插班二年级进修,两年后完成高等小学堂学业。其间,印顺法师的语文有扎实的功底,秀才张仲梧先生曾给其作文满分再加两分之赞许。

印顺法师不仅自幼便开始读书,所读亦十分广泛。他曾说道:"十三四岁开始,就倾向于丹经、术数、道书、新旧约,而到达佛法。对佛法的真义来说,我是不顺应的,是自发地去寻求、去了解、去发现、去贯通,化为自己不可分的部分。"

印顺法师对于佛法的兴趣,可以

印顺法师

追溯到 20 岁那年。他读到《庄子》的冯梦祯序文"然则庄文郭注，其佛法之先驱耶"时，顿生兴趣，引起了探究佛法的动机。此后，他又在商务印书馆的目录中发现佛书目录，依次而寻，购得《中论》等书。

购得佛书后，印顺法师便开始潜心阅读。在阅读中，印顺法师既明白了佛法高深，心向往之，也渐渐发现佛法与现实佛教的差距。因此，他发愿说："为了佛法的信仰，真理的探求，我愿意出家，到外地去修学。将来修学好了，宣扬纯正的佛法。"

除了这个原因，印顺法师决定出家的因缘或许还有亲人的离世。在他二十三四岁时，母亲、叔祖父、父亲相继去世。亲人的离去，使得印顺法师心中多有沉闷抑郁。此时更得闻佛法熏习，更加引发了他出离之心。

然而，对于印顺法师来说却存在另一个问题——"出家难"。印顺法师说："对我来说，不是难在出家的清苦生活，而是难在到哪里去出家。我一直生活在五十几华里的小天地里，在这一区域内，没有庄严的寺院，没有著名的法师。有的是香火道场，有的是经忏应赴。我从经论得来的有限知识，不相信佛法就是这样的，我不能在这样的环境中出家。"

因此，印顺法师离开故土，25 岁时在福泉庵礼清念法师为师，法名印顺，号盛正。因他曾受般若精舍昱山上人之指引，所以出家后也礼昱山上人为义师父。同年，印顺法师至天童寺圆瑛法师处受戒。

2　阅藏求学立思想

印顺法师的一生,可以说是主动、自发求法的一生,大致可以分为暗中摸索、阅藏教学、确定思想等阶段。

所谓暗中摸索,指的是印顺法师在出家前,从对佛法有兴趣,到阅读《中论》,再到理解佛法与现实佛教界的差距,并进而出家求法的阶段。这个阶段,正如印顺法师自己说的那样:"我的修学佛法,一切在摸索中进行,没有人指导,读什么经论,是全凭因缘来决定的。"

出家受戒后,印顺法师得恩师的同意与资助,前往厦门南普陀寺闽南佛学院求法,自此开始了求法阅藏的时期。印顺法师在闽南佛学院学习了半年,担任授课法师,奉命至鼓山涌泉佛学院授课。然而印顺法师并不满足于现状,他觉得求法应该自我充实,因此印顺法师决心阅藏。第二年,印顺法师前往佛顶山慧济寺之阅藏楼阅藏。一年半后,为阅览三论宗的章疏,印顺法师前往武昌佛学院。半年后他读完三论宗章疏,又回到佛顶山继续阅藏。就这样,"足足有三年,白天阅读大藏经,晚上还是研读三论与唯识"。

福建厦门南普陀寺，Alchemist 摄

在阅藏时期，印顺法师愈发觉得佛法多姿多彩，用他的话来说，即"百花争放""千岩竞秀"。这也愈发让他觉得，应该不断探求和追寻佛法。除此之外，他还发现大乘经与论疏的差异，大乘经更讲究劝发修持，重于解脱实践，并且从《阿含经》等内容来看，《阿含经》与各部广律有着强烈的现实人间的亲切感、真实感。这一体会对其日后佛法的探求、思想的确定以及"人间佛教"思想的提出，都有重要意义。

印顺法师佛教思想的确定不是一蹴而就的，而是其各种行历探索之所得，如与法尊法师的共同修学，又如与太虚法师的讨论。

1938年，因抗战形势紧张，印顺法师等人辗转到达重庆，度过了抗战八年。在最初的一年半中，印顺法师在汉藏教理院与法尊法师共同修学。印顺法师为法尊法师新译的《密宗道次第广论》润文，法尊法师也应印顺法师之请，翻译了龙树的《七十空性论》。两人经常相互探讨，包括对密教的认识、对龙树空义思想的理解等。忆起这段因缘时，印顺法师说："我出家以来，对佛法而能给予影响的，虚大师（文字的）而外，就是法尊法师（讨论的）。法尊法师是我修学中的殊胜因缘。"

印顺法师在鼓山涌泉佛学院授课时便礼见了虚云法师，当武昌佛学院开办研究班时，印顺法师也受太虚法师之命，前往指导"三论"研究。1942年，印顺法师将其《印度之佛教》第一章寄给太虚法师，请其作序时，太虚法师写下《议〈印度之佛教〉》一文予以评论，有所肯定，也有所批评。随后，太虚法师还写信进一步阐发自己的观点。印顺法师也对此回应，在书籍出版时附上《敬答〈印度之佛教〉》。然而，当太虚法师看到印顺法师的回应后却并不满意，随后写下《再议〈印度之佛教〉》予以批评，印顺法师对此并没有回应，而是以沉默结束了这场讨论。

其实两人的分歧，只不过是双方立场和认识的差别而已。1947年，印顺法师得知太虚法师圆寂的消息后，折梅供养，并于法事后被推举担任《太虚大师全书》的主编。

3 随缘教化勤著说

印顺法师的教化,有很明显的随缘教化的特色。这一随缘教化多是应请而做,并且常常与其写作相关联。

35岁时,印顺法师至贵阳大觉精舍,完成《唯识学探源》,这是他出版的第一部著作。1941年,36岁的印顺法师应演培法师等人之请,讲《摄大乘论》,后该讲演被整理出版,即《摄大乘论讲记》。同年,演培等人还礼请印顺法师至合江法王寺的法王学院任导师,印顺法师亦欣然前往。43岁时,印顺法师应性愿法师之请,前往厦门南普陀寺随喜传戒,并在厦门创办"大觉讲舍"。后因法舫法师催请,印顺法师又前往香港避难,出版了《佛学概论》《太虚大师年谱》等书。

47岁时,印顺法师因出席世界佛教友谊会的机缘,由香港至台湾弘法,并接任太虚法师创办的《海潮音》杂志社社长之职。48岁时,印顺法师在新竹观音坪创建福严精舍,四年后又在壹同寺成立了新竹女众佛学院,再两年后,在台北市成立慧日讲堂。

印顺法师还到东南亚一带弘法。49岁时,他应邀至菲律宾,在信愿寺、居士林、宿务等地说法,四年后又为了给性愿长老讲经祝寿而再度前往菲律宾，并被推举为信愿寺与华藏寺的上座。在菲律宾期间，印顺法师不仅讲经说法，而且促成普贤学校与能仁学校的成立，也推动建立了"国际文教讲学基金会"。

63岁时，印顺法师应演培法师之请，前往新加坡，为新成立的般若学堂主持落成开光典礼。随后印顺法师被邀请至维多利亚大会堂做讲演。结束新加坡的弘法后，印顺法师应本道法师之请，前往马来西亚，并于竺摩法师的三慧讲堂宣讲《心经》。

1969年，台湾报纸刊载"《坛经》是否为六祖所说"的讨论，一时成为热潮。这一讨论，和近代以来的佛学争论是息息相关的，尤其对于禅宗史的研究是极为重要的问题。

印顺法师也意识到这一点，他认为不能将这个问题孤立地来看待，而是应该从历史发展中去认识和考证。因此他广泛阅读早期禅宗史料，在1970年写下《中国禅宗史》一书，并于第二年出版。

《中国禅宗史》出版后，当时圣严法师正在日本立正大学求学，经他的推介，该书受到日本佛教学者牛场真玄教授的高度重视。牛场真玄教授将其翻译成日文，并以此书申请大正大学博士学位。1973年，日本大正大学授予印顺法师文学博士学位。

印顺法师以《中国禅宗史》获得博士学位，成为台湾首位比丘博士，但也引起台湾佛教界部分人士的不满与攻击，印顺法师却并不在意。

72岁时，印顺法师又应本道法师之请再到马来西亚，在金马仑三宝寺任说戒和尚。戒会后，又前往新加坡般若讲堂弘法。

印顺法师自幼身体较弱，他的一生也可以算得上是多病的一生。在其自传《平凡的一生》一书中，印顺法师自己也多次提到这件事。如：

"我是七个月就出生的；第十一天，就生了一场几乎死去的病。从小身体瘦弱，面白而没有血色。发育得非常早，十五岁就长得现在这么高了。总之,我是一向不怎么结实的。"

"我那时,似乎从来没有离了病,但除了不得已而睡几天以外,又从来没有离了修学,不断地讲说,不断地写作。病,成了常态,也就不再重视病。法喜与为法的愿力,支持我胜过了奄奄欲息的病态。"

"1967年冬天,我去台北荣民医院作体格检查……医院快要到了,前面的大卡车停了,我们的车也就停了下来。不知怎的,大卡车忽然向后倒退,撞在我们的车上。车头也撞坏了,汽车前面的玻璃被撞得纷纷落在我的身上。大家慌张起来,我坐着动也不动。他们说我定力好,这算什么定力!我只是深信因缘不可思议,如业缘未尽,怎么也不会死的(自杀例外)。要死,逃是逃不了的。我从一生常病的经验中,有这么一点信力而已。"

印顺法师的身体虽然不好,但他从常病的状态中体会到一些特别的东西,正如他所说的,我是"身力弱而心力强,感性弱而智性强,记性弱而悟性强,执行力弱而理解力强"。不仅如此,印顺法师还写下众多佛学研究著作,给我们留下了一笔宝贵的财富。

印顺法师传法教学,内修外弘,开讲经论,这些内容成为他著述的重要组成部分。著书立说,也是印顺法师晚年最主要的工作,他写下了众多佛学论著,今已汇集成《印顺法师佛学著作全集》出版。

2005年,印顺法师已有百岁高龄。4月,他因发烧住进慈济医院检查,发现心包膜积

印顺法师《印顺法师佛学著作全集》

水,血压急速下降,虽经医生紧急手术,但手术对一位百岁老人而言也是极大的负担。自此后,印顺法师身体渐趋虚弱,最后心脏衰竭,于6月4日圆寂。

小知识◎《平凡的一生》

66岁时,印顺法师深感身体不适,故写下自传式著作——《平凡的一生》,略述其一生出家、修学、弘法的因缘。在83岁病后出院不久,他又对《平凡的一生》进行补充和修改,补足了20多年来的一些行迹。在93岁时,他再次将《平凡的一生》修正和补充,增写《大陆之旅》《旧地重游》《早年的修学历程》等篇章,并且交代"身后出版"。第三次修订本,也是关于印顺法师自传最全的版本,借由该书的阅读,可以了解印顺法师一生的行迹和思考。

在写作《平凡的一生》时,印顺法师多有自谦。第三次修订和补充时,他在《一生难忘是因缘》中写道:"我今年九十三岁,出家也已经六十多年了。在这不太短的岁月中,总该有些值得回忆的吧!平凡的自己,过着平淡的生活。回忆起来,如白云消失在遥远的虚空一般,有什么值得回忆的呢!我的一生,无关于国家大事,也不曾因我而使佛教兴衰。我不能救人,也不能杀人。平凡的一生,没有多彩多姿的生活,也没有可歌可泣的事迹。平凡的一生,平淡到等于一片空白,有什么可说可写的呢!"

然而,印顺法师深刻理解因缘的道理,也明白自己一生求法的努力。所以他说:"但我这里,没有权力的争夺,没有贪染,也没有嗔恨,而有的只是法喜无量。随自己凤缘所可能的,尽着所能尽的努力。'一生难忘是因缘',我不妨片段地写出些还留存在回忆中的因缘。因缘虽早已过去,如空中鸟迹,而在世俗谛中,到底是那样的真实,那样的不可思议!"

4　人间佛教两相契

"人间佛教"思想是印顺法师重要的思想之一。他在《佛在人间》《佛教是无神论的宗教》《法海探珍》等著述中，明确用到"人间佛教"一词。他阐发了佛法的人间性，反对天（神）化而变质的佛教，探求佛法的本质。

此后，印顺法师以"人间佛教"为主题，又写下了诸多深入分析的作品，包括《人间佛教绪言》《从依机设教来说明人间佛教》《人性》《人间佛教要略》《契理契机之人间佛教》等。目前，印顺法师关于"人间佛教"的主要论述，已被单独辑成一册出版，名为《人间佛教论集》。

印顺法师"人间佛教"讲求"契理""契机"。他在《契理契机之人间佛教》中说："人间佛教必须契理契机。所谓契理，就是要符合佛法的原则，不违背佛法；契机，则是契合众生的根机。"

印顺法师"人间佛教"思想的提出是有一定因缘的。他在阅读《增一阿含经》时，见到经中说"诸佛世尊，皆出人间，非由天而得也"时，深有所感，深信"佛在人间"。这一所得与其从阅读律藏所得相近，却与部分大乘经表现得有所不同。

这也促成他探寻印度佛法的立场与目标。确切来说,印顺法师的"人间佛教"思想与他对佛教的判摄密切相关。在他看来,应该"立足于根本佛教之淳朴,宏阐中期佛教(指'初期大乘')之行解(梵化之机应慎),摄取后期佛教之确当者,庶足以复兴佛教而畅佛之本怀"。而"人间佛教"思想,乃是对应于少壮的佛教而言,既不是前期的"童真",也不是后期的"衰老"。

印顺法师的"人间佛教"思想与太虚法师的思想也有密切关联。印顺法师说:"宣扬'人间佛教',当然是受太虚法师的影响,但多少有些不同。"这表明印顺法师对太虚法师思想的继承与发展。在太虚法师处,"人生佛教"与"人间佛教"两个概念都曾使用。这两者是紧密相连的,甚至有时可以通用,通常人们用"人间佛教"指称其思想与改革。

印顺法师继承了太虚法师的部分思想,当然也表现出三点明显的差异。这一点在《契理契机之人间佛教·少壮的人间佛教》中有明确解释。正是这些分歧,尤其是对印度佛教阶段的判摄,对大乘三系的划分等,使得印顺法师与太虚法师之间产生了一定的争论。这场争论虽然以印顺法师的沉默而告终,但印顺法师仍然坚持自己的观点。

在《人间佛教要略》一文中,印顺法师将自己的"人间佛教"思想分为四个议题展开论述,即"论题核心""理论原则""时代倾向""修持心要"。"论题核心"在于强调从人发心学菩萨行进而成佛。"理论原则"则倡导"法与律的合一""缘起与性空的统一""自利与他利的统一"。"时代倾向"分"青年时代""处世时代""集体时代",讲求重视青年佛教,随缘弘化,不离众生,适应时代等内容。"修持心要"则指出"人间佛教"的人菩萨行应以信愿、慈悲、智慧为修持之心要。

总之,印顺法师的"人间佛教"思想,于当今佛学的研究,当下佛教的建设与发展,都具有极为重要的作用。

二 生活禅：净慧法师

净慧法师，俗姓黄，1933年出生于湖北新洲（今湖北省武汉市新洲区），2013年4月20日圆寂，享年81岁，僧腊67载。净慧法师是当代高僧，在佛教道风建设、僧才培养、弘法利生、慈善救济等多方面做出了重要贡献。尤其是"生活禅"运动的提倡，远据佛陀"普度众生"的本怀，近依印顺法师"人间佛教"的思想，更兼赵州禅师的禅风，强调"觉悟人生，奉献人生"，对佛教的发展、佛法的流布，具有重要的意义。

1 嗣法禅宗奉虚云

净慧法师家境贫寒，幼时便被送入尼庵，在尼庵长大。后来发蒙就学，勤奋刻苦，颇有所得。14岁时，礼卓刀泉寺宗樵上人为师，法名宗道，号净慧。

成为沙弥后，净慧法师到三佛寺，依止大鑫和尚，学习经文、念佛和规矩礼仪。因从小便在尼庵长大，受寺院生活的影响，耳濡目染，净慧法师对佛寺礼仪、课诵规矩、法器法物等事物都早已熟悉。因此，在三佛寺时，净慧法师很快就掌握了这些基本知识，日有精进。这也奠定了他超脱出世的宗教品格和献身佛教的理想。在这段时间，虽然净慧法师表现优异，但并没有太多特别之处，直到1951年，净慧法师赴广东云门大觉禅寺，于虚云法师座下受具足戒后，净慧法师的一生才慢慢改变。受具足戒后，净慧法师开始侍奉虚云法师，而虚云法

净慧法师

现代篇 | 93

师对净慧法师也有着重要的意义，这既体现在知识上的亲授，也体现在精神上的引领。

净慧法师共两次侍奉虚云法师：第一次是在受具足戒后的两年，但两年后，虚云法师前往江西修复真如禅寺，净慧法师则留在大觉禅寺任监院；第二次是在任监院的两年后，净慧法师前往真如禅寺侍奉虚云法师。对净慧法师来说，多年的侍奉，使他亲承虚云法师的教诲，受益良多。蒙虚云法师之器重与付嘱，净慧法师也像虚云法师一样，以一身而兼承禅宗五宗之法脉，为临济宗第四十四世、曹洞宗第四十八世、沩仰宗第九世、法眼宗第九世、云门宗第十三世。

1956年，中国佛学院建立，感慨佛教僧才难得，虚云法师派净慧法师前往学习深造。净慧法师一直从本科读到研究生，成为中国佛学院的首批佛学研究生。1962年，净慧法师因编辑《虚云老和尚法汇续编》而被划入右派，并于次年离开佛学院，辗转各地接受劳动改造，直至1978年才最终摘去右派的帽子。如果说佛学院的学习使净慧法师积累了更多知识，那么后来的经历则让净慧法师有了更多的人生阅历。

小知识◎《经窗禅韵》

《经窗禅韵》是净慧法师的一部诗集。他在《旧序》中说："如果说还有什么没有丢干净的话，大概就是这本诗集中所收的这些不伦不类、不古不今的小诗了。"这些诗作保存下来极为不易，"因为时间跨越世纪，地域纵贯南北，检点行装，收拾书卷，无不费时费力"。

《经窗禅韵》的出版，按净慧法师的话说乃是"将已见诸佛刊者略事排比，按年编次，额其篇曰《经窗禅韵》。禅乎？非禅乎？韵乎？非韵乎？乐山乐水，非所计也"。

对于僧人写诗出集，净慧法师有自己的一番体会，其间言语，多有谦虚，诗集之作，非在文字，实乃在佛功德。他在诗集增订本的《序》中说：

"余自幼寄迹空门，虽习钟板文章，却时有杂毒入心，所思所吟，既非诗者之诗，又非禅家之偈。前贤高论：'诗为禅客添花锦，禅是诗家切玉刀。'余闲居山野，捡拾俚句，于锦花玉屑，实有辜负。

"世尊教谕：'不住色生心，不住声香味触法生心。'愧余旧债未偿，心有所住，灯下赋句，纸上推敲。从来第一义谛，离言说相；本地风光，不劳装潢。余因宿习熏染，以长短句风月漫酬，如虫蚀木偶尔成文，流水行云八十年间，散叶积篋，竟成卷帙。

"经云：正法眼藏，性空缘起，凡所有为，无非泡影。然菩萨发心，不离事相，如《华严经·普贤菩萨行愿品》云：'各以一切音声海，普出无尽妙言辞，尽于未来一切劫，赞佛甚深功德海。'万法唯心，因果不空。诗虽杂毒，赞佛功德，怀仁抒感，掇拾在手，前尘影像，历历在目。余既年登耄耋，识昏眼花，文字因缘，终成旧梦。"

今选《经窗禅韵》小诗两首，摘录于下：

　　农余杂韵　其二

　　一盏清茶一炷香，农余饭后读书忙。

　　有人问我书中味，霞蔚云蒸古木苍。

吃茶得句

吟得茶诗四五首，烹来清茗两三杯。

窗明几净浑无事，永昼跏趺送落晖。

2　柏林黄梅振祖庭

摘掉了右派的帽子后，净慧法师于1979年重返北京，参与中国佛教协会的各项事务。在此后的工作中，他对佛教寺院的重建、重振和重修工作极为重视。在净慧法师的努力下，河北柏林禅寺、黄梅四祖寺、老祖寺、当阳玉泉寺、度门寺、邢台玉泉寺、大开元寺等道场，都得到了恢复、建设和发展。

1988年，净慧法师应河北省民族宗教局之请，筹组河北省佛教协会，并出任第一任会长，同时负责重建柏林禅寺。

柏林禅寺位于河北省赵县，历史悠久。相传，汉献帝时笮融在徐州大起浮屠寺，稍后则于赵州建立"观音院"，以其供奉观世音菩萨而得名。这便是柏林禅寺的前身。在历史的变迁中，柏林禅寺也有不同的名字，汉时称观音院，南宋时称永安院，金代时则称柏林禅院。柏林禅寺之名，自元代始流传于今。

历史上的柏林禅寺，有不少高僧驻锡。唐高祖时，道深法师于此弘扬《成实论》，玄奘法师亦曾来此受学。晚唐时，赵州从谂禅师于此大振禅风，对后世影响深远。这也使得柏林禅寺成为禅宗的一座重要祖庭。金代时，诠宗律师还在此弘律，后志宣禅师革律为禅，宗风大振。明清两朝，柏林禅寺亦为朝廷所重，在此设立僧正，管理赵州地区佛教事务。

然而，近现代以来柏林禅寺多遭毁坏，在1988年净慧法师进驻前，仅余赵州禅师舍利塔和一些唐朝古柏树。净慧法师对柏林禅寺的恢复，既是对寺院庙宇的重建，对禅宗祖庭的重振，也是对赵州禅师禅法、禅风的继承和发扬。

在净慧法师的带领下，柏林禅寺先后建成普光明殿、钟鼓楼、观音殿、藏经楼、怀云楼、开山楼、会贤楼、香积楼、古佛庵、关房、佛学院、茶香楼、文殊阁、普贤阁、万佛楼等。

在柏林禅寺的重建工作中，净慧法师特别注重思想与理念的建设和传播。因此，他提出了以"觉悟人生，奉献人生"为宗旨的"生活禅"，并以柏林禅寺为中心，广泛宣传。1993年，净慧法师当选中国佛教协会副会长，同年，他在柏林禅寺举办了第一届"生活禅夏令营"活动。净慧法师将此作为一项重要活动，每年举办一次。经过多年的努力，"生活禅"和"生活禅夏令营"在海内外产生了广泛的影响。

2003年9月，万佛楼开光，这也意味着柏林禅寺的重建工作结束。同年，净慧法师应黄梅、当阳有关部门之请，任黄梅四祖寺和当阳玉泉寺方丈。次年，净慧法师退居，明海法师继任方丈。明海法师秉承净慧法师的教导，延续传统，将"生活禅"的理念进一步发扬光大。

在黄梅四祖寺时，净慧法师努力重振东山法门，实施了一系列的方案，包括创办《正觉》杂志、举办一年一度的"禅文化夏令营"、创办双峰讲堂等。这样，黄梅四祖寺与柏林禅寺，一南一北，遥相呼应，成为"生活禅"运动的两大重镇。除此之外，净慧法师根据四祖寺特殊的环境，提出"大四祖"的理念，将道场和禅寺的建设与周围的自然环境、社会环境融为一体,这既体现了"生活禅"的理念,也在现实生活中取得了良好的效果。

在邢台玉泉寺时,净慧法师一改玉泉寺之前的状况,对玉泉寺寺院环境破败和僧才缺乏的问题,展开了针对性的工作。一方面,净慧法师重修寺院,使得寺院环境清幽、整洁,并在修复的基础上很好地保留了原来的文物面貌,也做到了保护自然环境。另一方面,在净慧法师到来不久,就有不少行者前来剃度,不少居士开始礼佛,于是净慧法师成立了玉泉僧团进行管理、教育和培养。经过净慧法师的重修,现在的玉泉寺已经面目一新,成为当地有名的道场。

净慧法师在恢复寺院的过程中,在许多方面都有独到的思考和处理,比如弘法理念、寺院建筑、僧团管理、僧才培养、法务活动等。这些方面的方法和实践,既使得寺院重建的过程变得顺畅,也为后人留下了一笔重要的精神财富。

玉泉禅寺之玉泉夕照,胡一杰摄

3　觉悟奉献生活禅

净慧法师一生的实践中，有许多重要的理念，在净慧法师圆寂后，人们将这些理念归纳为六个方面：第一，在道风建设方面，强调继承丛林传统；第二，在僧才培养方面，立足丛林传统，注重学风建设，提出"丛林学院化，学院丛林化"的口号，提倡"以学导修，以修促学，学修并重"的教育理念；第三，在弘法理念和方式方面，坚持走"人间佛教"的道路，并具体化为"生活禅"的修行理念；第四，在佛教文化建设和传播方面，通过多种多样的传播手段，大力弘扬经教，普及佛教思想；第五，在为信众宣讲佛法，提供修行服务方面，坚持"大众认同，大众参与，大众成就，大众共享"的原则；第六，在慈善救济方面，坚持"爱国爱教"，做到"利益一方，服务一方，和谐一方，教化一方"。

纵观净慧法师的一生，这些理念都得到很好的运用，尤其值得强调的是净慧法师的弘法理念和方式。

净慧法师认为，随着时代的发展和变化，应该有相应的佛法修行理念，所以，他本着"人间佛教""契理、契机"的原则，秉承赵州禅师"平常心是道"的禅风,提出了"生活禅"的理念。在他看来,"生活禅"是一种既能够明心见性,解脱生死,又与当下时代和环境相应的修行法门。这一点从它的宗旨——"继承传统,适应时代,立足正法,弘扬禅学,开发智慧,提升道德,觉悟人生,奉献人生"——也可以看出。

简单来说,"生活禅"乃是希望将禅的思想和智慧融入生活之中,并在生活中体现禅的精神和意境。在净慧法师看来,这是一种将信仰和生活、将佛法与世间很好结合的方式,所以他要求弟子"将信仰落实于生活,将修行落实于当下,将佛法融化于世间,将个人融化于大众"。

具体来看,"生活禅"有相应的理念、宗旨、方针、方法等,并且这些内容都有不少深刻的意涵。如"觉悟人生,奉献人生"的理念,前者是注重优化自身素质,后者则是强调和谐自他关系,合在一起,便是希望以觉悟人生之智慧成就菩提心,以奉献人生之实践成就大悲心。

总之,当"生活禅"的理念具体展现开来,便是"在尽责中求满足,在义务中求心安,在奉献中求幸福,在无我中求进取,在生活中透禅机,在保任中证解脱"。

就方式而言,净慧法师创办一年一次的"生活禅夏令营"和"禅文化夏令营",通过不同的形式,进行佛教弘法和教化,取得良好效果。到目前为止,"生活禅"已经成为当代汉传佛教的一个重要代表。

净慧法师还注重佛教研究人才的资助和培养。他曾在北京大学、中国人民大学等高校设立"怀云奖学金",在武汉大学设立"双峰奖学金",以鼓励和资助从事佛教文化研究的学生;他曾在北京大学设立"虚云讲座",用于支持传统文化的传播,目前"虚云讲座"已经走过七年，取得极大成就；他还曾积极与高校合作，让师生更好地了解佛教文化。

此外，净慧法师还积极向外弘法。一方面，他以柏林禅寺和四祖寺为依托，吸引海外成员和参访团进行相互学习和交流；另一方面，他也走出国门，到国外传播佛教思想，如他曾先后受邀前往日本、法国、新加坡、瑞士、韩国、德国等国进行访问，做了多场讲演，在海外弘扬佛法。

三 法鼓山：圣严法师

圣严法师，俗名张保康（后村里私塾老师为其取学名张志德），1930年生于江苏南通，是曹洞宗第五十代传人、临济宗第五十七代传人，也是法鼓山的创办者。圣严法师多年肾疾缠身，最终于2009年2月3日在台北台大医院圆寂，享年80岁。圣严法师一生为佛教教育、弘法、研究做出了重要的贡献。

圣严法师的生平传记，目前已有好几本，其中有自己写的自传，也有他人为其写的传记。圣严法师于30岁时完成的第一本自传《归程》,记述其所成长的20世纪30年代至50年代动荡的中国社会;1993年,圣严法师从另一个角度来记述此生历程,又完成《圣严法师学思历程》;2000年,台湾女作家施叔青为其作传,为《枯木开花:圣严法师传》;2006年,因缘际会中圣严法师又写了另一本自传《雪中足迹:圣严法师自传》。从这些传记中,我们可以对圣严法师的一生行迹略作一观。

1 出家经忏做学僧

圣严法师的父亲叫张选才,母亲陈氏,其祖上本在长江三角洲崇明岛的脚盆圩种田为生,后因水灾,迁至江苏南通的狼山脚下重新落户,圣严法师便出生于此。1931年,当圣严法师还在襁褓中时,长江出现空前水灾,于是又不得不全家迁至江北常熟落脚。

1943年,圣严法师13岁,由邻居戴汉清居士带上狼山出家。后莲塘老人为其剃度,取法名为常进。初上狼山时,圣严法师说:"狼山给我的第一个印象,是山好高、人好多、香火好盛,和尚们也就很忙。"在狼山期间,圣严法师有了一定的学识基础,这主要得益于一些长辈的督导,一位教诵《禅门日诵》的法师,以及一些教导四书五经的还俗居士。然而好景不长,由于局势和战争的关系,山上香火渐弱,人员渐离,只剩

圣严法师

下几个老和尚留守道场。1946年春天，圣严法师跟随朗慧法师逃到上海，栖身于忆定盘路的大圣寺。

大圣寺是法聚庵的下院，抗战期间由一些在上海经商的南通人筹建，聘请贯通老人担任主持，是一个纯粹以经忏来谋生的道场。圣严法师完全不会这些事情，只好勉强按照吩咐去做，跟着一起到施主家里消灾祈福，为亡灵超荐诵经、拜忏、放焰口。这些事情占据了圣严法师的时间，使得他没有余力再读书和学习。

静安寺佛学院成立后，圣严法师再三恳求，希望能让他不做经忏而去读书。圣严法师的请求得到应允后，第二年，他考取静安寺佛学院，当了一名插班的学僧。然而，圣严法师基础还是太过薄弱，虽然可以勉强应付国文、英语和数学，但对庞大的佛学系统知识，却不知从何下手，更何况当时授课的老师还有浓重的口音。

上海静安寺，张波摄

圣严法师在静安寺佛学院一连住了五个学期，其间除了上课之外，他尤其喜欢阅读一些文学作品。这些阅读，以及对人生的思考和观察，对他后来文字弘法的风格产生了重要影响。

2　罢戎入释闭关修

随着时局越来越动荡，学僧们的情绪也越来越不安，大家也在考虑自己毕业后该何去何从，而圣严法师最后的决定是参军从戎。

之所以选择参军从戎，圣严法师有自己的理由，也有自己的无奈，他在《圣严法师学思历程》中说："当时的社会和国家的局面，除了有钱自备机票和船票离开大陆，只有进入军队是通往台湾最容易的路。我既无信徒，也没有积蓄，更不能得到师长的同意和资助，所以考虑再三，只有选择从军的路。"

事实上，圣严法师是幸运的。一方面招兵站的军官在看到圣严法师是僧人的身份后，安排他去军中做后勤，这样也免于直接上阵厮杀，另一方面圣严法师也主动向军队声明"原来我是和尚，将来还要做和尚"，这样使得圣严法师在军旅生活之余，也保有自我信修的空间。

圣严法师1949年从军前往台湾，在高雄登陆，先后经新竹、金山、凤山等地，1956年调任军队建设部门，直至1960年。这段军旅时光，超过了圣严法师少年的僧侣生涯年数，但他并没有荒废自己的学修，而是积极参加学习班，发表文学作品。并且，他还接触了太虚法师"人成即佛成"和印顺法师"人间佛教"的思想,这对他对佛教的理解,以及日后弘法传法之理念有重要的影响。

1960年,圣严法师退伍。在灵源法师的启发下,他决定再次出家,依止东初老人(1908~1977)为剃度师,号"慧空圣严"。圣严法师于东初老人门下受益良多,还承其两系的传承。此外,灵源法师也将自己的临济法脉给予圣严法师,使他成为临济宗第五十七代传人。

依止东初老人的第二年,圣严法师受三坛大戒后,向东初老人辞行,前往高雄美浓朝元禅寺闭关修行,修持佛经戒律。正式闭关前,朝元禅寺住持慧定尼师先让他在寺中禁足一年,适应南部的气候和水土,以免闭关后身体不适。

圣严法师在朝元禅寺的闭关修行,如今已经成为佳话,其相关事迹不仅在朝元禅寺的信徒中,也在台湾,乃至海外弘扬开来。

在佛教中,闭关是佛教徒的修学方式之一,指的是在一定期间和场所内所做的闭门修持或研学。闭关期间的作息、内容、方法、目标以及期限,依各宗派或个人的差异而有不同。一般来讲,闭关期间需要有护关者,要素食、禁足、禁语等。若遇上特殊情况,也可以破例。

圣严法师第一次闭关时,本不想惊动他人,但星云法师热忱安排了香港来的明常法师在关前说法,而他自己则和南亭法师、月基法师、妙然法师、煮云法师、浩霖法师等在闭关前一天来到朝元禅寺,为他举行封关仪式。

仪式大致如下:圣严法师搭衣关房内向外立,明常法师搭大红祖衣向内立,观礼僧俗唱欢喜地菩萨三称,结束后,明常法师说法,而后南亭法师与星云法师关门,加上封锁。

圣严法师闭关期间,由融智尼师护关,她每天为他送斋饭以及一壶热水。在斋饭送到窗洞前,她会敲引磬提醒。

1967年，圣严法师眼疾痊愈，再度回到朝元禅寺闭关，这次则是由朝元禅寺能净法师封关。圣严法师的两次闭关，在台湾影响很大，众多师长道友加以勉励。在闭关期间，圣严法师虽然也受到一些打扰，但他却不为所动，直到出关。

在闭关期间，圣严法师修读了许多经律之书，尤其是戒律方面，也写下了大量关于戒律研究的文章和书稿。圣严法师对于戒律是极为重视的，自二度出家以来，他以戒律为自己学佛的基础。此外，在禅法修行方面，圣严法师也有自己独特的体验和认识。这些闭关修行的经历也为后来圣严法师传法、教导禅修打下了基础。值得一提的是，在此期间圣严法师还写了数篇文章，回应了基督教对佛教的攻难，这些文章后来结集出版，即《基督教之研究》。

3　禅慧禅修传四海

1965年，还在朝元禅寺闭关的圣严法师接到东初老人的快函，希望他提前出关，赴日留学。圣严法师为编写资料，正在关房内自学日语。第二次闭关结束后，在净海法师和张曼涛的影响下，圣严法师坚定了负笈东瀛的决心。经慧岳法师向坂本幸男教授的推荐和吴老择先生的奔走，圣严法师以同等学力及出版成果，获日本立正大学的入学许可，并于1969年3月14日离开台北，前往东京。这年圣严法师已经39岁，六年后他取得文学博士学位。

圣严法师赴日留学并非一帆风顺，一是由于经济条件不佳，只得四处借贷留学，二是在于八年抗战，伤痛犹新，对日的仇恨情绪使得不少人反对此次留学，甚至有些好事者散布流言。当然，也有不少法师对圣严法师寄予厚望，并答应资助。

圣严法师在日本留学期间完成了对《大乘止观法门》和灵峰藕益大师的研究，前者是他的硕士论文，后者是他的博士论文。硕士论文完成后，圣严法师还请佐藤达玄和牛场真玄加以润饰，并抄送一份回台湾《海潮音》杂志发表。值得说明的是，坂本幸男教授对圣严法师的写作给予了很多指导，对其硕士论文也给予了较高评价，只可惜在圣严法师写作博士论文期间，他便去世了。在病榻前，坂本幸男教授委托好友金仓圆照和野村耀昌两位教授当圣严法师的博士论文指导教授，这也称得上是"托孤"了。

1975年，圣严法师接受美国佛教会沈家桢居士的邀请，前往美国弘法。圣严法师先抵达旧金山，在智海法师的般若讲堂挂单，并随后造访宣化度轮法师的金山寺，参观万佛城道场。12月16日，他离开旧金山前往纽约，到大觉寺挂单，后驻锡于此。次年，圣严法师担任美国佛教会副会长，并担任大觉寺住持。

圣严法师在美国主要传授禅法，但法师自己也说："其实我在美国教的，虽然名之为禅，但既不是晚近中国禅林的模式，也不是现代的日本禅，我只是通过自己的经验，将释迦世尊以来的诸种锻炼身心的方法，加以层次化及合理化，使得有心学习的人，不论性别、年龄、教育程度，以及资质厚薄，都可以获得益处。"圣严法师还曾在沈家桢居士的菩提精舍别墅举办了平生第一次禅七。

1977年东初老人圆寂，圣严法师奉遗命返回台湾，接掌中华佛教文化馆和农林禅寺法务。在东初老人的涅槃法会上，圣严法师写下挽联："寻找千万里东京及纽约口口声声恒以绍隆佛种相期勉；沐恩十七载随侍或游方时时处处唯恐有负师望自警惕。"此后，圣严法师便在美国和台湾两地之间奔波，东西兼顾。1980年，圣严法师得到资助在纽约购得一栋楼房，经过整修后成为禅堂。为纪念东初老人的法乳之恩，圣严法师将其命名为东初禅寺。

圣严法师注重佛学教育，其教育理念在于成就学术人才，成就修行人才。如果说禅法修行在于修行人才的培养，那么对学术机构的建设则是学术人才培养的重要方面。1985年，圣严法师以中华佛教文化馆大楼为院址，创立了中华佛学研究所，并定期出版《中华佛学学报》《中华佛学研究》两种年刊。即便在现在，它也是当代佛学研究的重要机构之一。

除了在美国，圣严法师还到其他西方国家传授禅法。如1989年，圣严法师应克鲁克博士之请踏足英国，来到威尔士。他们住在克鲁克博士由牧场羊舍改造的禅修精舍，一起禅修，并进行了第一次默照禅禅七。圣严法师甚至还将法脉传给克鲁克博士，使其成为临济宗第五十八世。

圣严法师积极传法四海。他曾应弟子的恳请，到中南美洲的哥斯达黎加、巴西、阿根廷等地弘扬佛法，也曾前往东欧，如波兰、德国等地传授禅学。1997年，他在纽约成立象冈道场，成为西方禅修重镇。

2009年圣严法师因病圆寂。纵观圣严法师的一生，他在佛学研究、禅法修习、佛法弘扬等方面都做出了极大的贡献。他继承临济、曹洞法脉，在世界各地指导禅修，以禅慧接引无数中西方人士，创建中华佛学研究所、法鼓人文学院等学术努力则为众多学者和研究提供了方便，功德无量。圣严法师著述甚多，陈义精要当机，他自喻为"风雪中的行脚僧"，一生人间行脚，造就无数传奇。

4　法鼓道场重学修

1989年，圣严法师以"提升人的质量，建设人间净土"为理念，创建法鼓山。创建法鼓山并不容易，从最初选址、购地，到设计、兴建，再到资金、团队等问题，圣严法师都带领大家尽心尽力地完成。在设计上，圣严法师强调建筑的布局须与整体的佛教精神、中国文化背景紧密关联，须站在现代人的立足点上，既回顾历史文化优良传统，又展望未来，保持创新；既要富有时代性、现代性，也要有自己的特色和地域性。

因农禅寺所在地被台北市政府归为都市计划土地征收重划区，将来可能有一半以上的地方被征收为公共设施用地，所以农禅寺的搬迁势在必行。有鉴于此，圣严法师希望找到一块土地，以供建设一个长久、安定的道场，这也是他一直以来想要做的事情。

圣严法师与杨正居士等人找了好多地方，却总是因缘不具足。后来林显政居士提及他公司对面有一个佛恩寺的道场在金山有一块地，恰好佛恩寺住持全度法师也正希望自己这块土地能找到一个理想的人，于是两者一拍即合。

在圣严法师看来，金山无疑是块宝地。"看起脉象，是从台北县（今台湾省新北市）最高的七星山迤逦而下，从地理名词来说，可以称它为侧蒂的莲花。而且有两条清溪，终年绿水长流，围绕合抱着这块土地，在正前方汇成一条形同九曲三弯的主流。"

圣严法师为这块地命名为"法鼓山"，一方面是考虑到其地形，左边隆起像悬空的古钟，位于两山谷之间隆起如半岛形的丘陵，就如同纵卧于两山之间的大鼓，另一方面"法鼓"则象征着佛法宣导世间、普化众生、降伏万魔之意。恰好圣严法师原来也打算将自己的全集命名为《法鼓全集》。诸般因缘迹会，使得圣严法师将其名为"法鼓山"。

圣严法师希望把法鼓山建设成为一个现代化、国际化的佛学研究中心，实现佛学院、中华佛学研究所一贯制，并成为一座国内外极具规模的禅修道场。圣严法师提倡"一大使命，三大教育"，"一大使命"指推动全面教育，"三大教育"即大学院教育、大普化教育、大关怀教育。

而今法鼓山的建设已经超出原有土地的规模，目标上也已经完成了圣严法师的设定，成为佛学研究、佛法禅修的重要道场。

法鼓山药师佛像

法鼓山道场的建设是与其他机构相照应的，如中华佛学研究所、法鼓人文学院，而后者的建设更是义卖筹集经费建设而成的。这样，法鼓山成为一个集佛学研究与禅学修习为特点的大道场。

1992年，圣严法师还特别提出"心灵环保"的概念。当时社会处于转型期，环保意识萌芽，环保问题受到多方重视。圣严法师认识到这一点。他援引佛教的观念认为，物质环境的污染离不开人为，而人为又离不开人的心灵，如果人们的心灵清洁，则我们的物质环境也不会受到污染。在他看来，环保问题应从根源入手，由心灵开始，故他提出"心灵环保"这一理念。这一理念也成为法鼓山的核心理念。

"心灵环保"概念的提出还有更深远的内涵。就其与佛教思想的契理而言，《维摩诘经》《华严经》等已有相应论述；就其与法鼓山建设相契合而言，圣严法师在创建法鼓山，提出"提升人的品质，建设人间净土"理念时，便已有"心灵环保"的想法，他希望通过人们观念的引导，借由禅修的方法，帮助人们用健康的心态，面对现实，处理问题。这可以算得上广义上的"心灵环保"。

"心灵环保"理念的提出还有与之相配套的相关理念，如1994年圣严法师提出"四种环保"、1999年提出"心五四"、2007年提出"心六伦"等。圣严法师希望通过这些理念和方式，让人们健康、快乐地生活在同一个环境中。2002年，"心灵环保"被列入地球宪章，在全世界开始推广。这就意味着，随着圣严法师的大力提倡，"心灵环保"已经超越了一宗一派的立场，而成为大家共同的主张。

与这些理念、活动相应的，是法鼓山的推广与合作。1994年，圣严法师在美国成立"法鼓山佛教会"，之后又积极推动法鼓人文社会奖助学基金与各大高校合作，成立"法鼓人文讲座"。尤其值得一说的是，法鼓山的佛教数字化工作，将各种佛教文本典籍数字化、电子化，以方便检索、整理和使用，惠益众生。

四 佛光山：星云法师

星云法师，俗名李国深，法名悟彻，江苏扬州人，曾于栖霞寺出家为僧，礼志开上人为师，为临济宗第四十八代传人。1949年，星云法师组织僧人救护队前往台湾，后于宜兰弘法，十几年后创建佛光山道场，以弘扬"人间佛教"为宗风，树立"以文化弘扬佛法，以教育培养人才，以慈善福利社会，以共修净化人心"的宗旨，致力于推动佛教教育、文化、慈善、弘法事业，并融古汇今，手拟规章制度，印行《佛光山徒众手册》，将佛教带往现代化的新里程碑。如今，佛光山已经成为佛教的一张名片，而星云法师则是这张名片上最耀眼的名字。

星云法师的一生传奇而辉煌，他先后在世界各地创建两百余所道场，主编出版了众多佛教刊物，创办了多所学校，对于佛教的制度化、现代化、人间化、国际化，乃至世界的和平事业都做出了极大的贡献。

1 善根佛种早深种

1927年8月19日（农历七月二十二日），星云法师出生于江苏江都仙女庙附近。父亲叫李成保，母亲叫刘玉英，家里以经营小香烛铺为生。星云法师在家排行老三，取名为国深。据星云法师的母亲刘玉英说，她怀星云法师时曾梦到小金人在其床下找稻穗，并且真的找到了，旁边的白发老人告诉她说，这"稻（道）穗"是会结果的。

星云法师刚生下时半边脸是红的，半边脸是白的，在人中部位有两条细细的红线。这一奇怪的相貌引起左邻右舍的恐慌，母亲刘玉英为了少惹是非，只好将星云法师关在家里。直到两三岁时，这种现象才慢慢消退。

星云法师从小深种善根佛种，这在很大程度上得益于其外婆和母亲的熏陶和教导。

星云法师曾说，外婆一生行善不断，慈悯有加，温良恭俭，自己从小就受到外婆的深刻影响。外婆

星云法师

对星云法师的影响一方面体现在人格和德行，另一方面也体现在对佛教的信仰。外婆是个虔诚的佛教徒，从18岁起便吃斋念佛，她还常常深夜禅定，有过一些宗教体验，这给星云法师留下了深刻的印象，也唤起了其内心对佛教的兴趣。此外，外婆的影响还表现在勇敢的精神，这让他在面临各种危险困难时，都能够保持超然的态度，临危不惧，生死如一。

母亲的品质同样深刻影响着星云法师。母亲出生在扬州乡村一个贫苦家庭，生性简朴，却乐善好施。星云法师曾说，母亲这个习惯对他一生帮助极大，他一生的佛教事业都是从这个习惯而来。母亲的勇敢和慈爱也让星云法师记忆深刻，她曾在抓壮丁中救下她的弟弟，也曾在路边救下一位素不相识的军人。

如果说外婆更多地在星云法师心中播撒下菩提的种子，那么母亲则更多地给了他献身佛教的生命和机缘。

2 栖霞出家求佛法

有一天，星云法师和母亲途经栖霞山寺之时，一位知客师突然问他是否愿意出家。因急于寻找母亲，星云法师随口说好。随后，知客师将其引见志开上人，为了信守承诺，星云法师与母亲辞别出家。1939年3月21日，星云法师在南京栖霞寺剃度出家，拜志开上人为师，法名悟彻，号今觉，随后进入栖霞律学院修学佛法。在栖霞律学院中，星云法师是年龄最小的一位。

栖霞寺始建于南齐永明七年（489），在佛教史上具有重要的地位，是三论宗的祖庭之一。僧朗法师曾于栖霞山游于法度门下，后继承其法席，大弘三论学说，其门下有兴皇寺法朗、长干寺智辩、悍众寺慧勇、栖霞寺慧布，称"诠公四哲"。因栖霞山与三论宗的紧密联系，栖霞寺也以三论宗的祖庭而名扬天下。

在历史上，栖霞寺几易其名，初称栖霞精舍，唐时改名功德寺、隐君栖霞寺，南唐重修时又改名妙因寺，宋代时则有普云寺、栖霞寺、严因崇报禅院、虎穴寺等名称，至明朝时洪武年间，复称栖霞寺，其名沿用至今。清末太平天国时期，栖霞寺毁于战乱。目前所看到的栖霞寺位于南京城东北处栖霞山下，规模宏大，气派非凡，是1979年后修复的。时任中国佛教协会会长的赵朴初先生还亲笔撰写了《重修栖霞寺碑文》。

栖霞寺与星云法师有颇深的渊源，甚至有人称其为"从栖霞寺走向世界的高僧"。星云法师的佛光山道场可以看出不少栖霞寺的身影，大概是星云法师怀念祖庭之故。当两岸互通后，星云法师多次重回祖庭拜谒、开示。

星云法师15岁在栖霞寺受具足大戒，因戒师烧香疤时用力吹香火，使得香火过旺，十二个香珠突然烧在一块儿，星云法师头盖骨受伤，智力受损，两个月后方才恢复。但星云法师凭借着自己的坚持，继续努力学习，并于4年后考入镇江焦山佛学院，研读经文。同年，他还编了一份自己的杂志，名为《我的园地》。

星云法师从栖霞寺出家，随后进入栖霞律学院，再到焦山佛学院，他参学、求学的过程中得到了众多师长的指导，他们的言传身教让星云法师受益良多。如星云法师的恩师志开上人，他要求严格，明理严教，也温和亲切，处处表现出关怀和栽培之情，正是"道是无情却有情"。此外，志开上人的农禅结合，以及通过兴办实业来弘法传教的做法，也给星云法师留下深刻的印象，成为其日后传播佛法和建设道场的重要借鉴。

当然，对星云法师影响最深的还是太虚法师。1946年，太虚法师在镇江主持中国佛教会务人员训练班结业典礼，星云法师放弃难得的探亲机会，前往聆听。太虚法师的话给星云法师强烈的震撼，其现代性与人间性更是成为其日后高倡"人生佛教"的理论来源，星云法师情不自禁地含笑叫好。从此，星云法师明确了一生奋斗的目标和方向，开始接受太虚法师的思想，将他作为精神导师。

只可惜，太虚法师于1947年圆寂。同年，星云法师自焦山佛学院毕业，至宜兴大觉寺任监院。此外，他还兼任其他职务（如白塔小学校长、华藏寺监院等），创办刊物。尤其是他和智勇法师所创办的《怒涛》月刊，力主佛教革新与现代化，可以看作是其对太虚法师"人生佛教"等佛教革新思想的继承。

小知识◎"悟彻"与"星云"

  星云法师的法名并非"星云"而是"悟彻"，那这两个名字各有什么含义，又为何后来以"星云"之名而广为人知呢？这要从星云法师的出家谈起。

  星云法师的法名"悟彻"是融斋法师取的。按照《临济宗法脉偈语》所说："湛然法界，方广严宏，弥漫本觉，了悟心宗，惟灵廓彻，体用周隆，闻思修学，止观常融，传持妙理，继古贤公，信解行证，月朗中天。"志开上人号"了然"，自然星云法师便是"悟"字辈，故融斋法师为其取名为"悟彻"。

  1946年，星云法师从焦山佛学院回到栖霞寺，因同学通知他要办理身份证之故，星云法师另取了一个名字，即"星云"。这一名字乃是根据王云五编《汉语大辞典》的"星云"条而来，星云法师以广大无垠的星云团来勉励自己做星团中的一颗小星星，以一己之微弱光芒，与其他星光一起，相互辉映，共照寰宇。

  后来"星云"之名流传越来越广，乃至驰誉四海，而其法名"悟彻"，却很少有人知道。

3　赴台行化誉文坛

1949年，国共淮海决战最终以国民党军队的溃败而告终。从江北撤下的伤兵众多，哀鸿遍野，在乐观长老的影响下，星云法师也组织起了僧侣救护队，救护伤亡，随后他带领自己的救护队随伤兵前往台湾。最初的救护队大概有一百多人，但因为各种原因，最后前往台湾的却只剩下七十多个，但这七十多位法师为日后佛教在台湾的复兴与发展起了重要的作用。

星云法师赴台后，在基隆下船。不久僧侣救护队被撤销，星云法师只好辗转在各个寺院间暂住，最后落脚于中坜的圆光寺中。星云法师在圆光寺中深得妙果老和尚的赏识。离开圆光寺后，星云法师加入慈航法师创办的台湾佛学院为学僧。然而好景不长，随后慈航法师与星云法师等人被诬为"匪谍"，被捕入狱，最后由孙立人将军的夫人张清扬居士出面担保，星云法师才被营救出狱，前后共二十三天。

出狱后的星云法师并没有消沉，而是坚持弘法利生的宏愿。只不过星云法师当时无所凭依，只好依靠一支笔，坚持穷且益坚的文字弘法工作。他曾到台中主编《觉群周报》，为各大报纸和杂志供稿，并撰写了自己的第一本书《无声息的歌唱》，后应邀担任《人生月刊》主编。他的《释迦牟尼佛传》《玉琳国师》等作品，更因文笔流畅、内容生动而获好评，星云法师被誉为"佛教文坛之星"。

4　起家宜兰打基础

1953年，广慈法师告诉星云法师，宜兰地区有信徒来，希望派法师前往宜兰驻锡传法。随后李决和居士前来，表达了这一想法，并说之前也曾有法师前往讲经，但因条件较差，便不再去了。星云法师答应了李决和居士的邀请，前往宜兰讲经说法，一待就是十二年。星云法师决定前往宜兰是主动的，虽然宜兰地区条件较差，但星云法师觉得那里有热心佛教的信众，有较大的发展潜力，同时自己也可以在那里积蓄力量，实行自己的人间佛教策略。

星云法师来到宜兰后，首先面临的便是物质条件极其缺乏的问题，这一问题严重到了他几乎没有安身之地，付不起每月的电费的地步。除了物质的缺乏，还有其他难题，这些都在一定程度上限制了星云法师的佛教传播和发展。如社会对佛教传法的限制，使得星云法师不能自由地进行佛法传播，录制的佛学讲座也无法正常播放；佛教内部保守势力的反对和阻挠，使得星云法师许多弘法布教的新理念和新方式屡遭非议，困难重重；宜兰地区的"排外"情绪，使得星云法师的传法一度显得很尴尬。但星云法师并没有气馁，而是凭借着自己的毅力和坚持一步步做下来了。

在宜兰,星云法师做了很多事情。就弘法来看,他以组织建设为先,先后成立念佛会,以组织的力量进行弘法;创立弘法队,四处讲经说法;对知识青年极为重视,培养了一支高文化素质的僧才队伍;坚持道场的建设和管理,积累了丰富的实践经验。

星云法师的弘法有颇多创新之处。他重视佛教音乐在弘法中的作用,录制了台湾第一批佛教唱片;重视运用现代科学技术对弘法的帮助,运用电子传媒传播佛法;改进传统的讲经方式,在内容上化零为整,联系各个方面,深入浅出。

星云法师在宜兰的佛教传播中,对佛教教制的改革和文教事业的发展也极为重视。就前者来看,星云法师希望建立一个佛教复兴的新体制,如他建立佛教考试颁授学位制度,要求僧人统一僧装,改良课诵,恢复佛教传统礼仪,倡导教产公有和生活佛教化等。就后者来看,星云法师极为重视文化、教育与慈善,他继续之前的文字弘法工作,也重视佛教僧才的培养,还积极创办幼稚园等。

总的来看,宜兰时期对星云法师而言是极其重要的,在宜兰的十二年,是星云法师人间佛教的真正起点,也为佛光山的创建提供了平台,打下了基础。

庞东爽绘星云大师像(局部)

5　佛光净土永流传

1964年，星云法师创办寿山佛学院，培养僧才。虽然资金短缺，条件困难，但星云法师依然怀抱理想，坚持按自己的思路来做。随着寿山佛学院的发展，越来越多的学生慕名而来，但寿山佛学院的空间很有限，星云法师不得不考虑另建大道场。这个另建的大道场就是如今名扬天下的佛光山，位于高雄市大树区。那儿曾经是一块刺竹连山的荒地，而今却是当代佛教的著名道场。

佛光山的选址并非一蹴而就，而是另有一番故事。

原本星云法师选定的是大贝湖（今澄清湖）畔的一块地方。那里是观光胜地，风景优美，游人众多，虽然价格高昂，但星云法师卖掉了高雄中山路的佛教文化服务处的房产，也勉强能凑够经费。

然而正当准备签约时，事情有了变故。弟子依严说，选址大贝湖说不定可以沾那

佛光山立佛

儿旅游的光，蒋介石来大贝湖时说不定也会来。这一番话给星云法师不小的触动。在他看来，自己心中的道场应该是让普天众生专程礼佛，沐浴佛光，而不应该沾旅游的光，沾政治人物的光，于是他叫停了签约。

那究竟该选哪块地方建立道场呢？碰巧，大树乡（今高雄市大树区）一对越南华侨夫妇急于将麻竹园十几甲山地脱手。原来，1967年这对华侨夫妇用借来的资金买下了这块地，想要建立一所海事专科学校，却因为合伙人意见不合而夭折。这块山地土壤贫瘠、麻竹遍布，虽然他们到处兜售却依然无人接手，另外债主逼债逼得紧，使得这对夫妇生活陷入危机。他们辗转找到星云法师，希望他能购买下这块地，甚至说如果星云法师不能买下的话，他们只好双双自尽来偿还债务。

星云法师出于悲悯，和弟子们前往查看，只见刺竹连山，野草没胫，环境极其糟糕，弟子们都不愿意选址此地。但星云法师一方面出

佛光山佛陀纪念馆雨中全景

佛光山舍利塔林

于慈悲，不忍见这对夫妇寻死觅活，另一方面也希望在这种人我绝迹、名利双忘的地方，能够创建佛教的道场，就如同那些自己曾经熟悉的道场一样。最终星云法师买下了这块土地，带领自己的弟子开始创建道场，最后命名为"佛光山"。

佛光山道场的建设面临不少的困难：一是土地条件不利于施工，环境恶劣；二是资金紧缺，需四处筹钱；三是频繁的暴雨为建设带来了诸多不便。此外，佛光山的建设还面临其他的阻碍，既包括当地村民的不解，也包括佛教界内部的阻力。就前者而言，一是村民对佛光山的建设不理解，经常聚众滋事，另一个则表现为当地政府在管理和

佛光山选佛场

承认合法性上的"踢皮球";就后者而言,主要是台湾佛教界中保守派的阻挠,以及另一些人的流言和诽谤。用林清玄的话来说,"凡是认同星云的,就会被排挤"。

虽然困难很大,但在星云法师带领下,佛光山还是有条不紊地进行建设。佛光山的建设不是一蹴而就的,而是分期进行。从1967年正式动工开始,当时计划全部工程分为五期,每一期五年。第一期有东方佛教学院、大悲殿、文化馆、开山纪念碑等;第二期有山门、朝山会馆、觉华园、大智殿、佛光精舍、大觉寺等;第三期有大雄宝殿、净土洞窟、普门中学、万寿园、佛教文物陈列馆等;第四期有地藏殿、麻竹园、普贤殿、大慈庵等;第五期有如来殿、金佛楼、玉佛楼、七宝塔、云居楼、妙慧楼等。2003年佛光山又购买了后山土地,作为佛陀纪念馆用地。目前,佛光山道场的整体构建已完成,它很好地利用了地形条件,与周边自然环境也搭配得天衣无缝,既显大气又颇别致。

佛光山佛陀纪念馆本馆

台湾佛光山的建设,既表现在道场建筑和规模的建设,更表现在道场组织、建制等方面的建设。这一方面的建设,很大程度上得益于星云法师在宜兰的经验,如方式上首创佛教夏令营、冬令营,采取讲演、座谈、交谊、音乐、戏剧、体育等全方位的弘法活动;又如在僧才培养方面,派遣僧人出国留学,创办佛学研究机构和学术刊物，举办国内国际学术讲座，促进佛学交流等。

曾有人归纳星云法师顺应时代弘法的几个特色：广泛运用现代视听传媒和网络；顺应多元竞争时代，灵活把握佛光山道场的发展方向；首创道场建筑现代化、设施现代化；推行佛教义理生活化、大众化、普及化。此外，他还创建了退位与世代交替制的现代僧团制度。这一制度的确立，主要是考虑到佛教僧团在灵魂人物离开后的发展问题。

经过星云法师的一系列努力，台湾佛光山的创建已经基本成型。与本土建设并进的是佛教国际化的工作，在星云法师看来，这一国际化便是走向佛教本土化。

星云法师的佛教国际化工作有很多，如派遣僧人出国留学，举办国际学术会议等。其中，在海外兴建道场是其中极为重要的一个方面。在数十年间，星云法师创立了一百来个海外分院，从东到西，从南到北，纵横分布在世界各地。如美国洛杉矶的西来寺被誉为"西半球第一大寺"，澳大利亚的南天寺则是"南半球第一大寺"，南非南华寺是"非洲第一大寺"，巴西如来寺是"南美洲第一大寺"等。当然，星云法师并非看重寺庙的宏大，而是看重寺庙在海外弘法与佛教国际化中的作用。

以美国西来寺为例，这是星云法师佛教国际化具有重要意义的一块里程碑。"西来寺"在美国登记的名称叫"国际佛教促进会"（International Buddhist Progress Society），而中文以"西来寺"为名，乃是彰显"佛法西来"之意。西来寺于1986年开始兴建，历时两年，于1988年11月26日落成启用，是一座结合传统佛教精神与现代社会功能的一座大寺庙。为了表示法脉源远、法水流长，星云法师在奠基仪式之时，还特地请回五谷砖、恒河圣沙和佛光山的泥土，灌入混凝土中以作基础。而今，西来寺秉持佛光山宗风，成为一个为西方人士学佛的重要道场，也成为促进东西文化交流、国际佛学交流的重要场所和平台。

佛光山2016年国际青年生命禅学营

佛光山2016年国际青年生命禅学营：山水禅

图书在版编目（CIP）数据

应时弘法：近现代高僧略传 / 杨祖荣编著. — 郑州：中州古籍出版社，2017.6
（华夏文库佛教书系）
ISBN 978-7-5348-6819-1

Ⅰ.①应… Ⅱ.①杨… Ⅲ.①僧侣 – 列传 – 中国 – 近现代 Ⅳ.①B949.92

中国版本图书馆CIP数据核字（2017）第010358号

华夏文库·佛教书系
应时弘法：近现代高僧略传

总策划	耿相新　郭孟良
项目协调	单占生
项目执行	萧　红
责任编辑	石　丹
封面设计	新海岸设计中心
版式设计	曾晶晶
美术编辑	王　歌

出　版	中州古籍出版社
	地址：河南省郑州市经五路66号
	邮编：450002
	电话：0371-65788693
经　销	新华书店
印　刷	河南新华印刷集团有限公司
版　次	2017年6月第1版
印　次	2017年6月第1次印刷
开　本	960毫米×640毫米　1/16
印　张	9.25印张
字　数	111千字
印　数	1—3000册
定　价	23.00元

本书如有印装质量问题，由承印厂负责调换。